INHALT

Motto

„Wer Rekorde brechen will, muss neue Wege gehen."
J.C. Eule

Vorwort

Wussten Sie, dass inzwischen Staatsfonds in Bitcoins investieren?[1] Oder dass El Salvador den Bitcoin als Staatswährung einführen möchte?[2] Nutzen Sie es auch schon für Ihren Vermögensaufbau?

Okay, der Staatschef von El Salvador, Nayib Bukele, ist vielleicht nicht unser aller Vorbild, doch der Staatsfonds Temasek aus Singapur und der

1 Börse Online vom 01.04.2021

2 R. Bender, Bitcoin soll in El Salvador zum offiziellen Zahlungsmittel werden, in: Handelsblatt vom 06.06.2021, online unter: https://www.handelsblatt.com/politik/international/kryptowaehrung-bitcoin-soll-in-el-salvador-zum-offiziellen-zahlungsmittel-werden/27259540.html?ticket=ST-10834435-TdfqoqiakPiWEVhtPgbs-ap3

Rentenfonds KiwiSaver von Neuseeland haben den Bitcoin mit ihren Investments geadelt. Was bisher als unvereinbar galt, gehört ab jetzt zusammen. Argumentiert wird mit dem stabilen Wertzuwachs, der den Bitcoin mit Gold in Verbindung bringt. Ein Grund mehr, sich etwas intensiver mit dieser Materie zu beschäftigen, wie ich finde.

Mein Finanzwissen reicht schon weit zurück. So habe ich mich als „Deutsch-Schweizer" und als IT-Unternehmer von Anfang an mit finanzwirtschaftlichen Themen beschäftigt. Zudem habe ich in der Zusammenarbeit mit Schweizer Banken, Treuhändern, Vermögensverwaltern sowie jungen Wilden, die in den digitalen Währungen neue Wege und Chancen erschlossen, meine eigenen Erfahrungen gemacht. Daraus habe ich schließlich meine eigenen Erfolgsstrategien abgeleitet, die ich in diesem Buch auf kompakte und leicht verständliche Weise mit Ihnen, meine lieben Leser, teilen möchte.

Ich bin grundsätzlich ein neugieriger Mensch, der noch dazu in einer technikaffinen Umgebung lebt. Daher war ich von Beginn an fasziniert von der Konstruktion und den Möglichkeiten, die uns Bitcoin und Altcoins bieten. So wurde das Trading von Cyber-Coins zu meinem Hobby. Und ich staunte nicht schlecht, wie viel Spaß das machen kann. Weil es nach einiger Zeit recht einfach geht und weil es wirklich funktioniert. Von meinen Erfahrungen möchte ich Ihnen hier die Essentials weitergeben. So können Sie nicht nur Fehler vermeiden, sondern sparen sich auch viel Zeit mit der Informationssuche, können schneller loslegen und eher Erfolge feiern.

Um Ihnen den Einstieg in die Materie zu erleichtern, beginne ich ganz von vorn mit der Definition und der Historie der Kryptowährungen. Zusätzlich werden einige der wichtigsten Begriffe erläutert, die Sie kennen sollten, wenn Sie sich anschließend auf den relevanten Plattformen umtun. Im zweiten Kapitel lernen Sie das System und die Funktionsweise der Kryptowährungen kennen und die verschiedenen Arten, damit ein eigenes Vermögen aufzubauen. Im dritten Kapitel werden verschiedene Ansätze einzelner Kryptowährungen vorgestellt, um die Technik etwas mehr mit Leben zu füllen. Im letzten Kapitel finden Sie die relevanten Tipps & Tricks, um möglichst von Anfang an das Optimum aus Ihrem Investment herauszuholen. Dabei erfahren Sie, was den Profi ausmacht: das richtige Handling. Insgesamt kann Ihnen also dieses Buch dabei helfen, bewusst und gezielt an den Vermögensaufbau mit Kryptowährungen heranzugehen. Da diese rein digital sind und zudem sehr volatil, ist das Risiko eines Totalverlustes nicht zu unterschätzen.

Ich möchte Sie daher dazu einladen, genau zu prüfen, was Sie tun möchten – und dann bewusst den nächsten Schritt in Ihre erfolgreiche Zukunft mit Kryptowährungen zu gehen. Folgen Sie meinem Motto: „Achtung! Bitte nur mit einer verschmerzbaren Summe starten. Demütig bleiben, auch wenn es ausgezeichnet läuft. Und immer wieder einen Teil des Gewinns realisieren beziehungsweise neu investieren.“

1. Kryptowährungen - das Gold der Zukunft?

Definition

Das Wort „krypto“ steht für „verborgen, geheim“, denn diese Art der Währung benötigt selbstverständlich eine besonders hohe Form der Sicherheit, damit das Vermögen nicht gehackt werden kann. Dabei unterscheiden sich die Kryptowährungen weniger in ihrer Grundstruktur, sondern eher in der Art und Weise, wie die Verschlüsselung umgesetzt wird. Durch besondere mathematische Verfahren und Algorithmen werden die Informationen zu den einzelnen Vermögen und Transaktionen verschlüsselt. Gleichzeitig ist diese Art der Währung nicht an Ländergrenzen oder an nationale bzw. multinationale Gegebenheiten gebunden, da das Internet ja global funktioniert.

Wer in einer Kryptowährung bezahlt, kann das unabhängig von irgendwelchen Banken machen, benötigt kein Konto mehr und muss keine Kontoführungsgebühren bezahlen. Es kann nicht überprüft werden, wie viel Geld wirklich im Umlauf ist. Zudem verwenden die Nutzer nur noch selten ihren Klarnamen, sondern in der Regel ein Pseudonym. Theoretisch kann zwar die Identität des Users ermittelt werden, aber tatsächlich gehört zu dieser Form der Demokratisierung des Geldmarktes die Anonymisierung dazu.

Der Bitcoin ist die erste Kryptowährung, die entwickelt wurde. Das Ziel war eine Währung, die von jeglichen staatlichen Systemen unabhängig und außerdem äußerst sicher sein sollte. Es ist somit die erste Währung, für die es keine Scheine und Münzen gibt. Sie wurde vollkommen digital umgesetzt. Bitcoin ist die Münze, die nicht aus Metall besteht, sondern aus Bits. Gerade dieser Aspekt, dass keine materielle Entsprechung für die Währung mehr existiert, gibt ihr große Freiheit. Denn jeder, der programmieren kann, kann sich auf diese Weise seine eigene Währung kreieren – ein Grund dafür, dass es inzwischen gut 10.500 unterschiedliche Kryptowährungen gibt.

Die Kryptowährungen, die nach dem Bitcoin entstanden sind, werden als Altcoins bezeichnet. Die Vorsilbe alt steht hier für alternativ (nicht für alt, wie wir Deutschen vielleicht interpretieren) und ist wertneutral zu verstehen. Sie funktionieren zumeist nach demselben Prinzip, der Blockchain-Technologie. Manche haben andere Technologien entwickelt. Immer ist es aber das Ziel, effizienter zu sein, sprich schneller und kostengünstiger. Stablecoins zum Beispiel legen viel Wert darauf, die Volatilität zu reduzieren. Security oder Utility Token werden ähnlich wie Aktien eingesetzt, sprich, um Unternehmen Kapital zu ermöglichen und den Stakeholdern eine Vergütung. Diese Vergütung wird von bestimmten Kryptowährungen ausgezahlt, wenn man das eigene Investment beispielsweise Bots zur Verfügung stellt. Hier auf die technischen Einzelheiten einzugehen, würde allerdings den Rahmen sprengen.

Sämtliche Altcoins werden genauso gehandelt wie der Bitcoin. Im Internet können Sie sich zum Beispiel auf der Seite „CoinMarketCap" orientieren, wie der aktuelle Kursverlauf aussieht und die einzelnen Währungen untereinander vergleichen. Das bietet einen guten Einstieg. Für weitere Informationen empfiehlt es sich, nach dieser groben Orientierung die Webseiten der einzelnen Coins aufzurufen.

Zusätzlich tauchen immer wieder weitere Token bzw. Krypto-Token auf. Der ist im Ursprung weniger ein Zahlungsmittel als ein internes Tool zur Beteiligung an den Vorgängen auf der jeweiligen Plattform. So beteiligen Sie sich mit jedem Token an einer bestimmten Dienstleistung, die dort angeboten wird, oder können bei der Entwicklung mitentscheiden. Sie tragen damit zu einem ideellen Wert bei, zum Beispiel dem Umweltschutz, und profitieren gleichzeitig finanziell davon, wenn Sie den Token halten oder mit ihm traden.

Entstehung

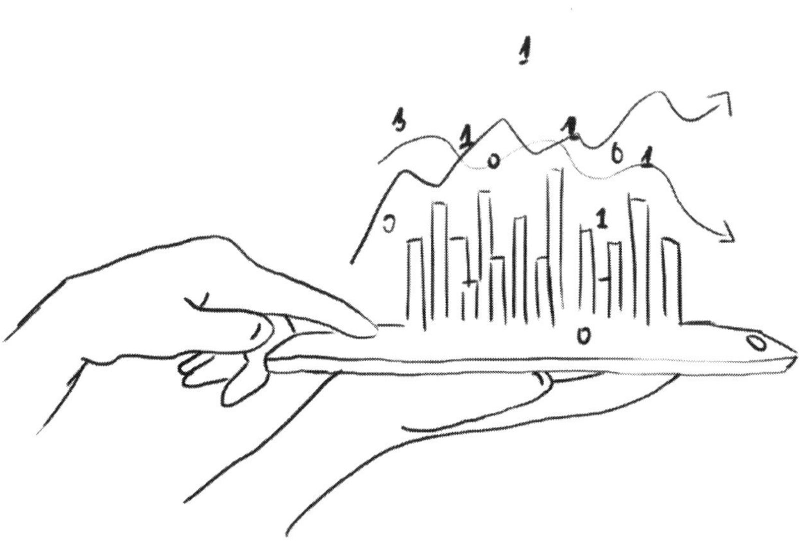

Kryptowährungen gibt es erst seit Fortschreiten der Digitalisierung. Genauer gesagt seit 2008. Sie sind eine Weiterentwicklung unseres digitalen Geldes, wie wir es aufgrund des Online-Bankings bereits gewohnt sind. Kryptowährungen gibt es nur virtuell. Darin liegt auch ihr großes Risiko, denn den Wert dieser Währungen kann niemand mehr garantieren.

Ohne hier eine lange Geschichte des Geldes zu referieren, ein kurzer historischer Abriss: Geld ist ein Tauschmittel. Es ist erfunden worden, um den Handel von Gütern zu erleichtern. Und es hat sich vielfach bewährt. Inzwischen benutzen wir das Geld nur noch in den selteneren

Fällen als materiellen Gegenstand, als Münzen oder Scheine. Besonders seit der Corona-Pandemie ist der digitale Zahlungsverkehr die bevorzugte Variante.[3]

Hatte die Münze ganz ursprünglich noch den materiellen Wert, der auf ihr aufgeprägt war, so wurde später der materielle Gegenwert in Gold zurückgelegt. Doch auch das ist inzwischen nicht mehr der Fall. Daher wird richtigerweise von Buchgeld gesprochen, denn unser Vermögen gibt es tatsächlich nur noch auf dem Papier. Aber auch das funktioniert, da sich die Gesellschaft darauf geeinigt hat. Die Zahl, die auf meinem Konto angegeben wird, ist mein Guthaben. Das ist allgemeiner Konsens, auch wenn dem gar kein reeller Wert mehr entgegensteht. Daher wird von den heutigen Währungen auch oft vom FIAT-Geld gesprochen. Fiat kommt aus dem Lateinischen und bedeutet „Es werde!“, übertragen also: „Die Zahl auf deinem Konto werde als Geld anerkannt!“. So gehen wir alle davon aus, dass diese Zahlen einem materiellen Wert entsprechen. Durch die Digitalisierung verschieben wir unser Geld nur noch von einem Konto auf das andere, ohne es je wirklich gesehen zu haben. In Wirklichkeit handelt es sich bereits nur noch um Bits. Dem entspricht auch der andere offizielle Name für Buchgeld: Giralgeld. Gira ist das italienische Wort für Reise – das Geld unternimmt eine Reise von Konto zu Konto. Doch es kann jederzeit in Bargeld umgetauscht werden.

Der Nachteil dieser Art von Währung und von Zahlungsverkehr ist allerdings, dass der Staat darauf zugreifen kann. Die Regelungen, um unser System der Banken und der Währungen im Gleichgewicht zu halten, implizieren auch, dass die Staaten ein Recht auf unser Privatvermögen haben, falls die Wirtschaft und damit auch der Staatshaushalt einmal in Schieflage geraten. Die Bankenkrise von 2013 hat das Schreckensszenario in Zypern sichtbar werden lassen: Dort konnten die Menschen mit einem Mal nur noch 60 € am Tag von ihrem Konto abheben. Den

---

3 Deutsche Bundesbank (2021): http://www.bundesbank.de/zahlungsverhalten

Vermögenden wurde ihr Guthaben auf eine bestimmte Mindestsumme reduziert – damit der Staat seine Schulden bezahlen konnte. Da dies inzwischen hin und wieder passiert, ist das Vertrauen in die Banken stetig gesunken. Dies bezieht sich zunächst auf die Sicherheit der Bankeinlagen. Hinzu kommt aber auch, dass wir immer weniger Zinsen auf unser Guthaben erhalten, das wir den Banken anvertrauen. Somit ist fast allen Bürgern klar geworden, dass unser Geld bzw. unser Vermögen eng mit dem politischen Geschehen auf dieser Welt zusammenhängt, das wiederum von den wirtschaftlichen Entwicklungen nicht zu trennen ist.

An dieser Stelle setzt die Idee der Kryptowährung an. Dem Erfinder des Bitcoins, von dem es zwar einen Namen gibt, den jedoch bisher noch niemand zu Gesicht bekommen hat, Satoshi Nakamoto, oder dem Team von Entwicklern, das sich hinter diesem Namen verbirgt, ging es um Demokratie in einem sehr ausgefeilten Sinne, denn diese Währung ist unabhängig von den Banken. Das jeweilige Vermögen kann keiner Einzelperson mehr zugeordnet werden. Daher steht Bitcoin für Dezentralisierung ebenso wie für Anonymität. Bitcoin setzt somit die Idee des Geldes als ein gedankliches Konstrukt in ein neues Konzept um.

Die Blockchain-Technologie des Bitcoins beruht auf einer Open-Source-Community, an der immer weiterentwickelt wird. Auch die Alternativen zum Bitcoin, die inzwischen entstanden sind, die Altcoins, tragen mit ihren Neuerungen dazu bei, dass sich der Bitcoin verbessert. Da der Bitcoin (BTC) die erste Kryptowährung war und weil die meisten der anderen Kryptowährungen dessen Systematik übernommen haben, werde ich den Bitcoin etwas genauer vorstellen und auf die anderen lediglich summarisch verweisen. Letztlich muss sich jeder Nutzer die Vor- und Nachteile der einzelnen Währung schließlich im Detail ansehen. Mitunter zirkulieren die Währungen auch nur in bestimmten Kreisen (auf bestimmten Plattformen) und können damit gar nicht bewusst gewählt werden.

Die dem Bitcoin zugrunde liegende Technologie ist die Blockchain, übersetzt: Kette von Datensätzen. Letztlich ist es eine besondere Art Datenbank und kann für unterschiedliche Zwecke eingesetzt werden. Jeder neue Datensatz (block) wird nach eingehender Prüfung an die Kette (chain) angehängt – und kann von dort nicht mehr entfernt werden. Diese Kette verteilt sich über das angeschlossene Computernetzwerk. Jeder, der an dem Netzwerk beteiligt ist, verfügt über alle Informationen, die in den Datensätzen gespeichert sind. Da alles zusätzlich verschlüsselt ist, sind die Datensätze doppelt gegen Manipulation geschützt. Es gibt weder eine zentrale Datenspeicherung noch eine zentrale Instanz, die über die Blockchain verfügt. Gleichzeitig ist die Blockchain kopier- und fälschungssicher, da ja jeder über dieselben Informationen direkt auf seinem eigenen Rechner verfügt und sie somit auch überprüfen kann.

Die Blockchain funktioniert nur durch das Bitcoin-Netzwerk, das wiederum aus den Computern besteht, die das Peer-to-Peer-Protokoll verwenden. Sie sammeln alle Informationen und leiten sie weiter. Aufgrund ihrer Funktion werden sie als Knotenpunkt, als *nodes*, bezeichnet. Im Prinzip funktionieren sie wie Server, doch da es innerhalb der Kryptowährungssysteme viel mehr Nodes gibt als Server im Internet, unterstützen sie die dezentrale Struktur derselben. Da ein Rechner viel Speicherplatz benötigt, um die gesamte Information einer Blockchain speichern zu können, übernehmen die Nodes je nach Kapazität des Rechners unterschiedliche Aufgaben. Der *full node* verifiziert, ob die Regeln der Transaktionen beim Mining eines neuen Blockchains eingehalten wurden. Hierfür müssen sie über 100 GB Speicherplatz pro Datensatz zur Verfügung stellen können. Ohne sie wäre die Fälschungssicherheit der Währung nicht mehr gewährleistet. *Light nodes* können nur eine unvollständige Kopie der Blockchain speichern, *master nodes* hingegen übernehmen auch Verwaltungsaufgaben. So korrigieren die Computer gegenseitig die Validität der Transaktionen, was das System einer Kryptowährung besonders sicher macht.

Dort wo es um Geld geht, müssen wir immer damit rechnen, dass sich jemand zu Unrecht bereichern möchte. In der Welt der Kryptowährungen sind es insbesondere die Hacker, die dazu in der Lage sind. Trotz der Nodes und der Transaktionsregeln gelingt es ihnen immer wieder, sich mit falscher Identität in das Netzwerk einzuloggen, falsche Blöcke in die Blockchain einzuschleusen und Transaktionen auf ihre eigene Wallet umzuleiten. Dadurch bringen sie das gesamte System durcheinander. Daher muss kontinuierlich überwacht werden, welcher Miner welche Blöcke erstellt. Kommen zu viele aus einem einzigen Pool, ist Vorsicht geboten. Das Ziel ist grundsätzlich, das System frei von Hackern zu halten.

Eine weitere Gefahr bietet der Quantumcomputer, der in wenigen Jahren so weit sein soll, dass er sämtliche *private keys* und Signaturen knacken kann. Es wird schon an einer Lösung dagegen gearbeitet, dem sog. *proof of work background*. Ein digitales Wettrüsten, das jedoch nach aktuellem Stand noch von den Bitcoin-Entwicklern beherrscht wird.

Starten Sie nun mit einer eigenen Bitcoin-Adresse und handeln Sie mit Bitcoins (oder einer anderen Kryptowährung), erstellen Sie automatisch einen eigenen Datensatz, der dieser Kette hinzugefügt wird. Das erfolgt sowohl linear als auch chronologisch, weshalb die Blockchain sehr transparent ist. Diese Kette wird immer länger, was dazu geführt hat, dass die Neuinstallation eines Zugangs inzwischen mehrere Stunden dauern kann. Anschließend kann der Peer-to-Peer-Handel losgehen, also der Handel von Mensch zu Mensch, der auch ohne Beglaubigung durch einen Dritten (eine Bank oder Ähnliches) absolut sicher ist.

Auch beim Bitcoin wird – wie aus dem Namen schon hervorgeht – mit Coins gehandelt. Diese sind aufgrund der rein mathematischen Vorgehensweise in kleinste Teilmengen teilbar. Da sie die Kryptowährung ist, die am meisten verbreitet ist, hat sie auch im Vergleich die größte Preisstabilität. Dennoch unterliegt sie zum Teil sehr starken Kursschwankungen und auch hier ist beim An- und Verkauf genauso strategisch vorzugehen wie beim Aktienhandel. Langfristig muss auch bei den Entwicklern des Bitcoins der Fokus auf der Stabilität liegen, damit er seine Marktposition halten kann. [4]

Sein Konkurrent ist der Ether bzw. die Währung Ethereum (ETH). Konkurrent nicht wirklich, weil diese Währung eher für Leute interessant ist, die selbst programmieren können. Zahlungen erfolgen automatisiert und durch die Programmierbarkeit lassen sich neue Coins erstellen. Hier wird vom Mining gesprochen, als würde man in einer Goldmine nach Gold schürfen. Da ja den digitalen Währungen kein Gegenwert zugrunde liegt, ist es auch ein bisschen so. Denn wenn ein neuer Coin programmiert ist, wurde neuer Wert geschaffen bzw. geschürft.

2011 entstand der Litecoin (LTC). Sein Netzwerk wuchs zwar schneller als die vom Bitcoin und seine Transaktionsgeschwindigkeit ist höher, aber sein Wert liegt bei einem Bruchteil des Bitcoins, weshalb er nicht so gut für An- und Verkäufe geeignet ist. Der Peercoin (PPC) schließlich schafft aus sich heraus Coins, wenn Vermögen angespart wurde. Er enthält ein System, das der Verzinsung gleicht.

Da Transaktionen mit Kryptowährungen am offiziellen Zahlungssystem der einzelnen Länder vorbei agieren, gibt es weltweit etliche Länder, die die digitalen Währungen inzwischen als illegal eingestuft haben. So wird immer wieder Schwarzgeld eingespeist und damit Geldwäsche betrieben, wie es kürzlich vom nordkoreanischen Geheimdienst bekannt wurde.[5] Da weder die Transaktionen noch die Vermögensstände überprüft werden können, entgehen den Staaten auf diese Weise natürlich nur schwer

---

4 Wohlmann, Monika (2020): Kryptowährungen – Top oder Flop? In: Rebeggiani, L. et al. (Hrsg.): Megatrends aus Sicht der Volkswirtschaftslehre. Wiesbaden, Springer-Medien, S. 304-324

5 K. Graça Peters, Kims Hacker sind innovativer, als wir denken. Spiegel Ausland vom 22.02.2021, online unter: https://www.spiegel.de/ausland/nordkorea-so-setzt-kim-jong-un-hacker-ein-experteninterview-mit-priscilla-moriuchi-a-2c7071fa-3f4d-4988-803e-0004738c45da

schätzbare Steuereinnahmen. Länder wie Thailand, Bolivien, Bangladesch oder Ecuador haben sie daher bereits verboten. In Deutschland bzw. in der EU spalten sich die Geister. Es wird noch diskutiert, ob der Verbraucherschutz wichtiger ist als die Steuereinnahmen. Bisher gibt es also hierzulande noch keine staatliche Regulierung der Kryptowährungen.

Chancen & Vorteile

Die Vorteile von Kryptowährungen liegen zunächst darin, dass bei einer Transaktion keine dritte Person oder Institution mehr dazwischengeschaltet ist. Das bedeutet, dass niemand mehr daran verdient, also keine zusätzlichen Kosten und Gebühren entstehen. Dadurch sind Überweisungen äußerst schnell, kosten aber keine Gebühren, auch wenn das Geld von Europa nach Asien versendet wird. Zusätzlich bedeutet die dezentrale Erstellung der Coins, das Mining, in Kombination mit der

Blockchain, dass die Gemeinschaft, die an der Kryptowährung beteiligt ist, über alle Transaktionen wacht. Diese Währungen werden also von ihren Nutzern selbst überwacht. Es greift die Schwarmintelligenz, die die Bereicherung durch Einzelne verhindern kann.

Wie sich inzwischen herausgestellt hat, sind Kryptowährungen sehr volatil. Ihr Wert steigt und fällt beständig. Wer hier den Überblick behält, kann mit Kryptowährungen Geld verdienen, indem er die Kursgewinne mitnimmt. Wer also günstig kauft und bei einem hohen Kursstand wieder verkauft, kann von den Kursschwankungen profitieren wie beim Börsenhandel.

Eine weitere Möglichkeit bieten Ihnen die Kryptowährungen, indem Sie selbst Coins generieren können, wenn Sie über die entsprechenden Programmierkenntnisse verfügen. Beim Mining (dem Schürfen) wird der nächste Block der Chain errechnet, der *hash block*. Ein sehr komplexer Vorgang, der eine hohe Rechnerleistung benötigt. Ob sich das wirklich lohnt, hängt von den Rahmenbedingungen der unterschiedlichen Anbieter ab. Vor allem die anfallenden Gebühren, die festgelegte Laufzeit und die *hashrate* bestimmen, wie lukrativ das Mining überhaupt ist. Außerdem ist zu beachten, dass der Wert der neuen Coins immer vom aktuellen Kurs der jeweiligen Kryptowährung abhängt.

Für das Mining wird bestimmte Hard- und Software benötigt. Es gibt sowohl die Möglichkeit, hochwertige Chips dafür in seinen Rechner einzusetzen, als auch, einen sog. Miner an den eigenen Router anzuschließen und über den Internetbrowser zu konfigurieren. Wichtig ist es, genügend Speicherplatz zur Verfügung zu haben. Ideal ist es dafür beispielsweise, einen eigenen Server wie eine Raspberry Pi zu besitzen, denn dadurch reduziert sich der Stromverbrauch. Außerdem sollten Sie sich überlegen, ob es nicht sinnvoll ist, einen speziellen Mining-Rechner anzuschaffen. Diese sind darauf ausgerichtet, Bitcoins zu schürfen und enthalten dafür spezifische Hardware, die Application Specific Integrated

Circuits (ASIC). Für die Kosten-Nutzen-Rechnung müssen Sie neben der Effizienz die Hashrate und den Preis vergleichen. Diese Rechner wandeln elektrischen Strom in Bitcoins um. Daher benötigen Sie zusätzlich einen gesonderten Adapter für das Stromkabel, den Bitcoin Rigs. Durch die starke Auslastung wird der Rechner schnell sehr heiß, weshalb Sie ihn ausreichend kühlen müssen. Auch dafür ist eventuell weiterer Strom nötig. Kalkulieren Sie also ebenfalls die Kosten für den steigenden Stromverbrauch und den Zeitaufwand, um zu ermitteln, ab wann Sie an dem Mining etwas verdienen.

Wenn Sie vorhaben, mit dem Mining Ihr Vermögen aufzustocken, sollten Sie unbedingt eine Kosten-Nutzen-Rechnung aufstellen. Beziehen Sie dabei nicht nur die Kosten für Hard- und Software ein, sondern auch die Stromkosten und Ihren Zeitaufwand, um zu einem realistischen Bild zu gelangen. Privates Mining gilt zudem als gewerbliche Tätigkeit und muss beim Finanzamt gemeldet werden. Das hat sogar den Vorteil, dass Sie die anfallenden Kosten steuerlich absetzen können. Dazu müssen Sie – genauso wie in allen anderen Bereichen, die mit einer Gewinnerzielung zusammenhängen – über Ihre Einnahmen und Ausgaben genau Buch führen. Involvieren Sie am besten möglichst bald Ihren Steuerberater, um eventuelle Schwierigkeiten zu vermeiden.

Neben dem Mining kann man einfach nur Rechenleistung zur Verfügung stellen und erhält dafür als Gegenleistung eine bestimmte Anzahl an Coins, denn das Mining benötigt aufgrund der komplizierten Verschlüsselungstechnik große Speicherkapazitäten. Noch vor kurzem wurde dafür tatsächlich Speicherplatz auf dem eigenen PC freigegeben. Da das inzwischen nicht mehr lukrativ ist, werden jetzt Clouds dafür genutzt. Daher wird auch vom Cloud Mining gesprochen. Solche Cloud-Mining-Firmen sind hauptsächlich in Island ansässig, weil dort die Temperaturen bestens für die Server geeignet sind und die Energiekosten relativ niedrig liegen. Als Kunde können Sie nun sog. Hashpower anmieten, also Rechenleistung kaufen. Diese ist dafür gedacht, Mining zu betreiben. Da sich niemand einen ganzen Server leisten kann, werden die Erträge aus dem Cloud Mining anteilig verteilt. Da hierbei für den Kunden geringere Kosten anfallen als beim Mining zu Hause, ist es empfehlenswert, sich dem Cloud Mining anzuschließen. Sie müssen sich dann auch nicht mehr um die Technik, die Technologie und notwendige Updates kümmern. Interessant ist außerdem, dass Sie auch mit dem Cloud Mining nicht auf eine bestimmte Kryptowährung festgelegt sind.

Schürfen Sie Coins, indem Sie sich am Cloud Mining oder auch an Mining Pools beteiligen, können Sie Ihre neuen Coins auf Ihrem eigenen Wallet ablegen. Lassen Sie sie dort liegen, können Sie gegebenenfalls von Kurssteigerungen profitieren. Oder Sie investieren Ihr neu entstandenes Vermögen in weitere Anteile beim Cloud Mining. Wenn Sie die Schwelle zum Return on Invest überschritten haben, also wenn Ihr Gewinn Ihre Kosten übersteigen, könnten Sie sich Ihre Coins in Bargeld auszahlen lassen. Vielleicht haben Sie aber auch Geschmack am Geldverdienen mit Kryptowährungen bekommen und starten mit dem Trading. Durch die selbst geschürften Coins sind mögliche Verluste nicht ganz so schmerzhaft – doch dazu mehr in Kapitel 3.

Beim Mining wird jeder neue Hash Block an die Blockchain angehängt. Um einer Inflation vorzubeugen, wird es jedoch immer schwieriger, einen Hash Block zu erstellen, und es wird eine immer höhere Rechenleistung benötigt. Doch auch für einen neuen Hash Block werden Sie mit Coins entlohnt. Die jeweilige Höhe der Bezahlung ist durch einen Algorithmus festgelegt. Je mehr Bitcoins es gibt, desto weniger wird Ihnen ausgezahlt – ebenfalls mit dem Argument, einer Inflation entgegenzusteuern.

Wer nun über ein gewisses Vermögen in einer Kryptowährung verfügt, kann dieses als Kredit verleihen (Krypto-Lending). Dafür gibt es spezielle Plattformen, auf denen sich Kreditgeber und Kreditnehmer auf die Dauer des Kredits und einen bestimmten Zinssatz einigen können. Da hier keine großen Prüfszenarien vorgeschaltet sind, wie es eben in einer

Bank notwendig ist, ist das eine sehr leichte Art, ein Darlehen zu erhalten – vorausgesetzt Sie können einen gewissen Betrag an Krypto-Geld bei dem Krypto-Lending-Service hinterlegen.

Trotz der Blockchain-Technologie gibt es auch hier sicherere und weniger sichere Varianten, deshalb ist es wichtig, sich bei der Auswahl eines Krypto-Lending-Dienstes auf einen zentralisierten Anbieter zu fokussieren (wie beispielsweise Nexo, Blockfi, Celsius oder Binance). Bei den dezentralen Anbietern (wie Compound Finance) besteht aktuell noch eher die Wahrscheinlichkeit, dass der *smart contract*, der hier geschlossen wird, fehlerhaft ausfällt.[6]

Die Kriterien für die Wahl des Anbieters beruhen zunächst auf dem Wallet. Wie sicher ist es, wie seriös sind die Anbieter und gab es bereits irgendwelche Zwischenfälle? Dann stellt sich die Frage nach einer Versicherung und wann sie greifen würde. Für den Anleger sind die Zinsen interessant und ihr Verhältnis zu denen anderer Anbieter. Schließlich aber sollte der Anbieter bekannt sein und sich selbst in einer stabilen finanziellen Situation befinden.

Das Geschäft mit dem Krypto-Lending floriert seit 2017. Inzwischen gibt es sogar mehrere Krypto-Börsen (Binance, Celsius Network, BlockFi oder Nexo), die Kreditprodukte mit Renditen zwischen 8 und 15 % vergeben. Auch wenn sich die Renditen immer wieder ändern, sind sie doch lukrativer als bei den heutigen Bankprodukten. Außerdem bieten sie den Vorteil, dass der Besitzer von Krypto-Assets an Bargeld kommt, ohne seine Bestände verkaufen zu müssen. Wer sein Vermögen auf einer Krypto-Lending-Plattform hinterlegt, erwirtschaftet also Zinsen und kann darauf spekulieren, dass langfristig die Preise für seine Coins steigen.

Da sich das Krypto-Lending ideal eignet, um sich ein passives Einkommen aufzubauen, soll hier noch kurz auf den steuerlichen Aspekt ein-

6 Ein smart contract ist ein fälschungssicherer, automatisiert erstellter Vertrag.

gegangen werden. Der ist nämlich gar nicht so leicht nachzuvollziehen. Das liegt daran, dass Krypto-Geld noch nicht als Kapital anerkannt ist, sondern weiterhin als Sache eingestuft wird. Für ein Sachdarlehen gibt es einen Steuerfreibetrag von 256 €. Alle Gewinne darüber sind voll steuerpflichtig. Hinsichtlich des Verkaufs unterliegt das verliehene Krypto-Geld möglicherweise einer 10-jährigen Spekulationsfrist. Das bedeutet, dass die verliehenen Coins erst 10 Jahre nach dem Verleihen steuerfrei verkauft werden könnten.

Anstelle des Minings gibt es auch das Staking, das weniger aufwendig ist, aber dennoch die Entwicklung neuer Coins ermöglicht. Hierfür übernehmen Besitzer von einer bestimmten Menge an Coins die Gewähr, dass alles seine Richtigkeit hat. Als Gegenleistung erhalten sie eine Prämie. Im Rahmen des Stakings wird ein Teil ihres Vermögens gesperrt – als Sicherheitseinlage, denn falls sie ihre Aufgabe doch nicht richtig erledigt haben, wird ihnen etwas von ihrem Vermögen abgezogen. Diese sog. Validatoren profitieren von der Prämie.

Nun gibt es die Möglichkeit, dass sich auch andere an diesem Staking beteiligen, indem sie dem Validator einen Teil ihres Vermögens in Coins gutschreiben, damit er die Proof of Stake Blockchain auffüllen kann. Hierbei handelt es sich um ein Prüfverfahren, um einen neuen Block für die Blockchain zu erstellen, für das ein sog. Staking Pool gebildet wird. Für die eingezahlten Coins erhalten die Beteiligten ihren Anteil an der Stake-Prämie. So verdienen sie an dem Verfahren, ohne die volle Verantwortung für die neue Blockchain übernehmen zu müssen.

In diesem Sinne ist die Beteiligung am Staking tatsächlich eine gute Alternative zu den klassischen Anlagemöglichkeiten. Allerdings gilt es auch hier, sich den Markt gut anzuschauen und zu ermitteln, welche Kryptowährung sich dafür am besten eignet, wo das Wachstum groß genug ist und bei welcher das Staking tatsächlich aktiv praktiziert wird. Hierzu zählt vor allem Etherum 2.0, aber auch Eos, Steem, Tronix, Atom,

One, Neo Ai und Elrond. Bei jeder von ihnen wird die Rendite einer Stake Blockchain einzeln berechnet – es gibt also keine allgemeingültige Regel dafür. Dennoch kann man davon ausgehen: je größer das Blockchain-Netzwerk, desto geringer die Rendite, aber auch das Risiko – wie in vielen anderen Anlagebereichen auch. Gleichzeitig muss man damit rechnen, dass sich der Staking Reward, die Vergütung für das Staking, ständig verändert.

Die Technik der Blockchain wird inzwischen auch für andere Informationen angewendet, bei denen es um eine lineare, chronologische Rückverfolgung von Handlungen geht. So können auf diese Weise in einzelnen Sektoren Verbesserungen erzielt werden. Als Beispiel kann hier IBM genannt werden, das sich so für Verbraucherschutz und für Umweltschutz im Bereich der Nahrungsmittelindustrie einsetzt. SAP nutzt diese Technologie, um Effizienzsteigerungen zu erreichen. Hierbei liegt der Fokus auf dem Supply Chain Management in unterschiedlichen Branchen. Schließlich gibt es ein Projekt, das sich für nachhaltigen Honig einsetzt, das World Bee Project. Es kann durch die Blockchains ermitteln, ob der Honig wirklich nachhaltig produziert wurde.

So wie die Blockchain als Technologie eingesetzt werden kann, gibt es auch Unternehmen, die eine eigene Kryptowährung entwickeln, um ihr Unternehmen damit vor allem in der Startphase zu finanzieren. Bisher war es eher üblich, den Börsengang zu planen, doch dafür müssen hohe Auflagen erfüllt werden, was nicht jedes Unternehmen auf Anhieb schafft. Eine Kryptowährung ist jedoch wie gesagt unabhängig von anderen Personen. Im Unterschied zum Börsengang wird dann ein sog. Token als Start der Kryptowährung verkauft, daher auch der Name Initial Coin Offering oder kurz ICO.

Wie bereits ausgeführt ist der Token keine reale Münze (manchmal werden als Gag Münzen entworfen und verteilt), sondern rein virtuell. Dennoch kann das Unternehmen – das gilt vor allem für Start-ups in der Gründungsphase – mit dem Verkauf von Token Geld einsammeln. Es verspricht als Gegenleistung entweder eine Dienstleistung oder bietet den Token als Ersatz für eine Währung an. Er kann also später wieder verkauft oder gehandelt werden. Zusätzlich werden den Besitzern der Token in der Regel bestimmte Vergünstigungen bei dem jeweiligen Unternehmen zugesagt, ähnlich wie beim Crowdfunding. Vorrangig wird aber auf eine Wertsteigerung spekuliert, sobald das Unternehmen erfolgreich geworden ist. Es handelt sich also beim Token strenggenommen um die Vorstufe einer Kryptowährung, die noch entwickelt werden muss.

Um an einem ICO teilzunehmen, müssen Sie bereits über Krypto-Geld verfügen. Üblicherweise über Ether oder Bitcoin. Dem Handel liegt ein *smart contract* zugrunde, ein Vertrag, der eine Wenn-Dann-Lösung enthält. Wenn ein festgelegtes Ereignis eintritt, dann folgt das in dem Vertrag bestimmte Ergebnis. Der Verkäufer des Tokens sammelt so Geld ein, das er in die Entwicklung seines Unternehmens investieren kann. Der Käufer spekuliert auf Vorteile oder Gewinne in der Zukunft, es gibt aber noch keine Absicherung, wie es die Blockchain-Technologie ermöglicht. Die Gewinne hängen ausschließlich vom Erfolg der jeweiligen ausgebenden Firma ab.

Letztlich werden Sie Ihre Token aus einer ICO zunächst eine Weile halten müssen, zumindest bis sie an der Krypto-Börse gelistet werden. Das kann eine gewisse Durststrecke bedeuten, vor allem wenn Kursverluste zu erkennen sind. Sobald das Unternehmen aber profitabel läuft, ist mit starken Kursgewinnen zu rechnen. Die Verläufe sind den Krypto-Börsen zu entnehmen. Hier können Sie sich auch automatisiert Informationen zukommen lassen, zumal so ein Hoch mitunter nur sehr kurz anhält. Da gilt es schnell zu reagieren.

Die Beispiele, die es bisher für ICO-Token gibt, legen eine hohe Gewinnspanne nahe. So konnte die Bitcoin-Easy-Pay-App Plutus innerhalb von drei Jahren ein Wachstum von 1178 % vorlegen. Die Kryptowährung Neo steigerte den Wert ihrer Token innerhalb kurzer Zeit von 0,33 US-$ auf 107 $. Und der Token von Ethereum kann sich ebenfalls sehen lassen, denn sein Wert liegt inzwischen über 210 % über dem Einstiegspreis. Indem also ein Unternehmen ICOs veranstaltet, profitiert es selbst und gibt den Investoren die Chance, an ihrem Unternehmenserfolg teilzuhaben.

Doch wenn Sie jetzt Lust darauf bekommen haben, ebenfalls ICO-Token zu erwerben, rate ich Ihnen: Seien Sie achtsam. Die eigene Identität im Internet zu fälschen und mit Ihrem Geld zu verschwinden ist leichter als ein Banküberfall. Sammeln Sie Informationen über das Start-up, das die Ausgabe von Token plant. Was können Sie über die Gründer in Erfahrung bringen? Legen diese einen nachvollziehbaren Plan für das nächste Jahr vor, wie sie ihr Unternehmen in den Erfolg führen wollen? Erst wenn Sie davon überzeugt sind, sollten Sie sich für eine monetäre Unterstützung entscheiden. Denn sicher ist sicher. Und das gilt auch für die Überweisung.

Prüfen Sie nicht nur die Web-Adresse, sondern auch die Wallet-Adresse Ihres Wunsch-Unternehmens gründlich. Da sich hier ja alles noch im Aufbau befindet, ist es für Fälscher und Hacker noch relativ einfach, Unfug zu treiben.

Sie werden aber im Schadenfall keine Unterstützung erhalten. Es kann mitunter recht lange dauern, bis Ihre Token Ihrem Wallet gutgeschrieben sind. Das liegt an der komplizierten Blockchain-Technologie. Auch ist es oftmals nicht gleich nach Erwerb der Token möglich, mit ihnen zu handeln. Das ist abhängig von den Bestimmungen des ausgebenden Unternehmens.

Insgesamt bestätigt die genauere Beschäftigung mit den Kryptowährungen die Chancen, damit gute Gewinne zu erzielen. Sobald Sie das System verstanden haben und die Schwachstellen einschätzen können, können

Sie beginnen. Starten Sie langsam und bauen Sie sich damit passive Einnahmen auf. Steigern Sie langsam Ihren Einsatz. Im folgenden Kapitel werden wir näher darauf eingehen, wie Sie mit Kryptowährungen Ihr eigenes Vermögen steigern können.

2. Mit Kryptowährungen zum eigenen Vermögen

Nach den theoretischen Vorbereitungen geht es jetzt um die praktische Umsetzung. Bei 10.500 unterschiedlichen Währungen kann hier allerdings nur allgemein auf die typischen Features eingegangen werden. Dennoch lässt sich so schnell ein tieferes Verständnis der Kryptowährungen gewinnen.

Unterschiedliche Wallets

Der digitale Code, der Ihren Besitz in der entsprechenden Kryptowährung beschreibt, wird in Ihrem persönlichen Wallet festgehalten. Das Wallet ist so etwas wie ein digitales Portemonnaie, Safe oder Depot.

Es gibt nun mehrere Möglichkeiten, wie das Wallet gespeichert wird. Zunächst kann eine bestimmte Software dafür auf dem eigenen digitalen

Endgerät installiert werden. Die Software sollte nach mehreren Kriterien ausgewählt werden. Zunächst prüft man die Kompatibilität mit dem Betriebssystem auf dem eigenen Gerät, ob Windows, Android oder Mac, ob PC, Laptop oder Smartphone. Dann entscheidet man nach der Möglichkeit der Kontrolle, der Validierung, der Transparenz, der Privatsphäre sowie eventueller Gebühren.

Der Vorteil einer solchen Software liegt darin, dass die notwendigen Daten für einen Transfer recht schnell zugänglich sind. Dafür wird eine separate Single Wallet File angelegt, die wiederum mit einem individuellen Passwort geschützt ist. Der Zugangscode muss aber nicht zwingend in der Software selbst gespeichert werden, sondern kann beispielsweise lokal auf dem PC verschlüsselt abgelegt werden. Wichtig ist, dass Sie gut für die Sicherheit Ihres Computers sorgen und ihn beispielsweise vor Viren oder Schäden schützen. Die Nachteile der Software liegen darin, dass für eine Transaktion möglicherweise viel Speicherplatz benötigt wird und dadurch hohe Gebühren entstehen können. Zudem wird das Guthaben letztlich online verfügbar, sobald Sie mit Ihrem Endgerät ins Netz gehen. In einem öffentlichen WLAN-Netz ist Ihr Vermögen daher extrem unsicher verwahrt.

Alternativ gibt es auch Online-Anbieter für die Verwaltung des eigenen Krypto-Vermögens. Gerade die Handelsbörsen wie Binance, Litebit oder Coinbase bieten die Möglichkeit an, den eigenen Zahlungsschlüssel zum Vermögen dort zu sichern. Man kann es sich tatsächlich wie Online-Banking vorstellen. Der Vorteil dabei ist die schnelle Verfügbarkeit, wenn eine Transaktion ansteht. Doch ist bei dieser Variante das Risiko des Verlustes relativ groß, da Hackerangriffe jederzeit möglich sind.

Als dritte Möglichkeit gilt das Wallet als Hardware ähnlich einem USB-Stick, auf dem der Schlüsselcode hinterlegt ist. Das ist die sicherste Variante, denn die Hardware kann vom Internet abgekoppelt werden und ist dadurch vor Hacker-Angriffen geschützt. Dies geschieht zusätzlich durch eine kryptografische Sicherung. Doch bei Verlust der Hardware ist auch hier das gesamte Krypto-Vermögen unwiderruflich verloren.

Ganz alternativ – im wahrsten Sinne des Wortes – ist das Paper Wallet: ein Stück Papier, auf dem alle Informationen aufgedruckt sind, beispielsweise als QR-Code. Dafür können Open Source Services genutzt werden, die den *private key* direkt auf dem Endgerät des Nutzers erstellen. Somit ist der Zugriff durch einen Hacker ausgeschlossen. Auch das Papier sollte sehr gut verwahrt sein, am besten in einem Tresor. Denn wenn das verloren ist, dann fehlen alle Möglichkeiten, an das Vermögen heranzukommen.

Diese vier Varianten mit ihren Vor- und Nachteilen zeigen deutlich, dass es ganz wichtig ist, sich vorab zu entscheiden, wofür das Krypto-Geld verwendet werden soll. Geht es um einen langfristigen Vermögensaufbau, um Sicherheit oder um Flexibilität? In der Regel empfiehlt es sich, nur einen kleinen Teil des Vermögens in einer Kryptowährung online zu speichern und den größeren Teil offline zu verwahren. Das minimiert nicht nur das Risiko, sondern auch die Kosten. Gleichzeitig wurde deutlich, dass der Vorteil der Kryptowährung, von keiner Bank mehr abhängig zu sein, auch deren Nachteil bedeutet, jetzt selbst für die Sicherheit des eigenen Vermögens verantwortlich zu sein.

Bei den Wallets wird nicht nur nach der Funktionalität und der Sicherheit unterschieden, sondern auch nach der Möglichkeit, welche Währungen darin gesichert werden können. So gibt es Wallets, die lediglich eine einzige Währung erfassen können, die sog. Singlecoin Wallets, und solche, die verschiedene Kryptowährungen nebeneinanderhalten können, die sog. Multicoin Wallets.

Entscheiden Sie sich für die digitale Variante des Wallets, so kann ich Ihnen die Anbieter *Xapo*, *Bitgo*, *Blockchain.info*, *Bitpanda* oder *Mycelium* empfehlen. Das Prozedere ist in der Regel sehr ähnlich. Sie müssen sich dort einen Account anlegen und dafür Ihre Kontaktdaten eingeben. Zusätzlich ist eine Identifizierung notwendig, die durch das Video-Ident-Verfahren durchgeführt wird. Ihr Wallet wird schließlich nicht nur durch Ihr persönliches Passwort gesichert, sondern auch durch einen Sicherheitscode (2FA Secure Code). Hierfür benötigen Sie eine separate App, die alle 10 Sekunden ein neues Passwort empfängt, das Sie zusätzlich zu Ihrem eigenen eingeben müssen.

Sicherheit geht vor!

Um mit Bitcoins agieren zu können, benötigen Sie eine eigene Bitcoin-Adresse, die den verschlüsselten Zugangscode enthält. Dieser ist etwa 27-35 Zeichen lang und enthält Zahlen und Buchstaben. Zu diesem Konto gehört nun das Wallet mit dem *private key*, der Kombination aus 64 Zeichen, die Sie als Inhaber des Wallets ausweist. Dies ist die wirklich wichtige Information, die geschützt werden muss, denn sie ist in keiner Form mit Ihnen als Person verbunden. Da er sich mit jeder

Transaktion ändert, wird er im Wallet gespeichert wie in einem Passwort-Manager.

Derjenige, der diesen *private key* kennt, kann auf Ihr Vermögen zugreifen. Ist er verloren, kann er nicht mehr rekonstruiert werden. Somit ist dann das ganze Vermögen verloren. Gewährleisten Sie daher immer, dass der *private key* sicher generiert wurde (kontrollieren Sie Ihren PC beispielsweise regelmäßig auf Malware), halten Sie den *private key* in jedem Fall unter Verschluss. Nur so können Sie Ihr Vermögen vor Verlust schützen.

Jede Kryptowährung setzt ihre eigenen Standards. Da diese öffentlich gemacht werden, können die Kryptowährungen gut miteinander verglichen werden. Es geht dabei hauptsächlich um die Geschwindigkeit der Transaktionen, die Gewährleistung der Anonymität oder die Anzahl der möglichen Coins.

Zur Sicherheit gehört auch, dass die Anzahl der möglichen Coins begrenzt ist. Sicherheit in diesem Fall als Schutz vor Inflation oder anders gesagt, um die Kaufkraft der Währung zu erhalten. Würde es unbegrenzt viele Cyber-Coins geben, würde deren Wert immer mehr fallen. Daher wurde die Gesamtzahl der Bitcoins auf 21 Mio. festgelegt. Die sind noch lange nicht erreicht, aber man vermutet, dass es im Jahr 2140 soweit sein wird. Der Vorteil dabei ist, dass der Bitcoin dann wie Edelmetall aufgestellt ist. Durch die (natürliche) Begrenzung steigt es an Wert.

Die Transparenz der Transaktionen sowie deren Sicherheit sind die größten Vorteile einer Kryptowährung. Da alle Informationen wie die Glieder einer Kette aneinandergereiht sind, können hier nicht unbemerkt Veränderungen vorgenommen werden. Also perfekt für so sensible Daten wie Finanztransaktionen, aber auch für andere Bereiche wie Nahrung, Gesundheit oder Logistik.

Coins senden und empfangen

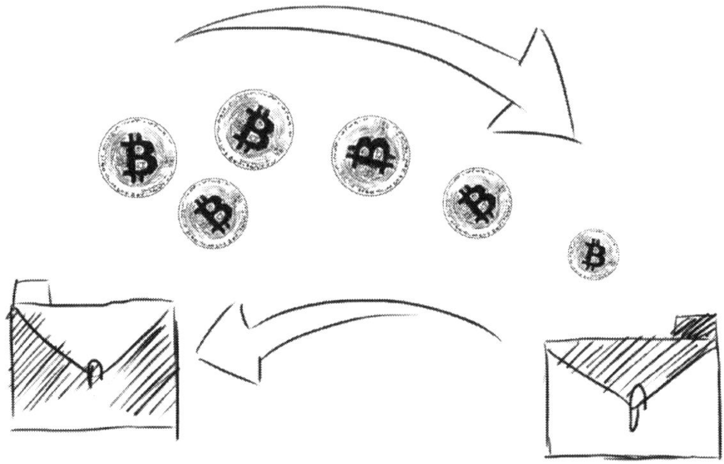

Coins in Kryptowährungen werden genauso eingekauft wie alles andere in unserem Leben. Sie werden gegen Geld in unserer Landeswährung eingetauscht. Dafür gibt es verschiedene Online-Händler, die diese Transaktion vornehmen. Sie senden dann den Gegenwert des „alten" Geldes auf Ihr Bitcoin-Konto. Jeder, der Ihre Bitcoin-Adresse kennt, kann darauf Krypto-Geld einzahlen. Im Unterschied zu einem normalen Bankkonto ist die Bitcoin-Adresse jedoch nicht mit einer bestimmten Person verbunden, also anonym – weshalb ja auch das Guthaben nicht mehr rekonstruiert werden kann, wenn der *private key* verloren gegangen ist.

Um nun Transaktionen vorzunehmen, werden die Bitcoin-Adressen von Sender und Empfänger benötigt. Sie entsprechen quasi der klassischen Kontonummer. Diese 27-34 Zeichen lange Codes werden sinnvollerweise per *copy and paste* übertragen, da die Fehlerquelle recht hoch ist. Und einmal eingegeben und abgeschickt ist der Betrag weg – hoffentlich aber beim richtigen Adressaten. Bei einem Irrtum kann der Vorgang nicht mehr rückgängig gemacht werden. Es können dabei immer nur so viele Coins transferiert werden, wie tatsächlich auf dem jeweiligen Wallet abgelegt sind. Wiederum ein gutes Kennzeichen dafür, dass keine Bank im Hintergrund mitwirkt, die einem einen Überziehungskredit zur Verfügung stellt.

Für die Transaktion werden nun im Account des Senders die gewünschte Summe sowie die Bitcoin-Adresse des Empfängers eingetragen. Um eine solche Überweisung veranlassen zu können, benötigt der Sender seinen *private key*. Wird die Transaktion über das Peer-to-Peer-Netzwerk aktiviert, wird sie als sog. Output gekennzeichnet – und spätestens 10 Minuten später wird beim Empfänger ein sog. Input zu sehen sein. Der Input wird als digitale Signatur ausgegeben. Da sie nicht personalisiert ist, ist auch sie unbedingt geheim zu halten. Denn Hacker versuchen immer mal wieder mit Pishing-Angriffen an diese sensiblen Daten zu gelangen. Doch sie sind natürlich genauso zu handhaben wie andere Wertgegenstände oder Login-Daten auch.

Online und lokale Händler

Üblicherweise werden Kryptowährungen im Online-Handel eingesetzt. Da hier auch die Rechnungen digital erstellt werden, kann bereits auf der Rechnung die Bitcoin-Adresse des Verkäufers stehen. Der Vorteil für den Verkäufer ist, dass die Transaktion in Minutenschnelle erledigt ist. Manche Shops haben bereits auf ihrer Webseite die Möglichkeit eingerichtet, mit Kryptowährungen zu bezahlen. Sollte ein Händler Ihrer Wahl noch kein Krypto-Geld akzeptieren, gibt es wiederum digitale Drittanbieter, die die Coins des Kunden für den Verkäufer in die Landeswährung umtauschen.

Aber nicht nur für das Online-Shoppen eignet sich die Kryptowährung. Fragen Sie doch einfach mal bei Ihrem lokalen Händler nach, ob er nicht auch eine Bitcoin-Adresse hat. Wenn ja, wird er Ihnen einen QR-Code zeigen, den Sie mit Ihrem Smartphone einfach scannen können. So können Sie ebenfalls direkt an der Kasse Ihre Zahlung in Ihrer Kryptowährung begleichen. Außerdem gibt es auch Automaten, bei denen Sie Bargeld gegen Bitcoins eintauschen können.

BLOCKCHAIN PRAXIS-TIPPS

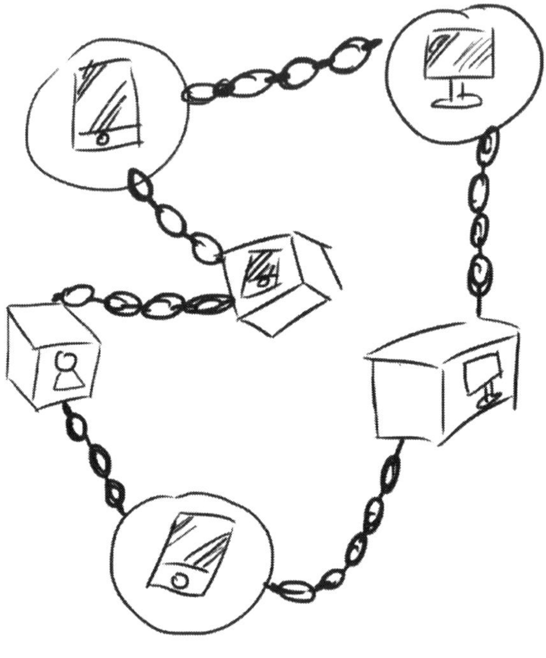

Wie können Sie nun die Kryptowährung am besten für sich nutzen?

Zunächst als passiver Nutzer. Das sind diejenigen, die das Cybergeld letztlich wie die bekannten Währungen verwenden. Sie bezahlen damit Rechnungen oder erhalten Geld und nutzen die Krypto-Plattform für ihre Transaktionen. Das können Sie international in hoher Geschwindigkeit erledigen. In der Regel ist die Nutzung kostenfrei. Manchmal fallen Gebühren an, um die Geschwindigkeit noch zu erhöhen.

Ein aktiver Nutzer bringt sich für die gemeinsame Sache der jeweiligen Kryptowährung ein, indem er beispielsweise Rechnerleistung zur Verfügung stellt oder den Bestand der Blockchain verwalten hilft. Hierfür bekommt er ein Entgelt in Form von neu generierten Coins. Auch wenn es einmal soweit sein wird, dass keine neuen Coins mehr geschürft werden, wird die Rechenleistung immer noch notwendig sein, denn je länger die Blockchain ist, also je mehr Coins es gibt, desto mehr Rechenleistung erfordert eine Transaktion. Stellen Sie nun Ihre Rechenleistung zur Verfügung, gelingt die Transaktion wesentlich schneller – wofür Sie wiederum in Coins oder Token bezahlt werden.

Die Kosten-Nutzen-Rechnung wird noch besser, wenn Sie sich am Cloud Mining oder an einem Mining Pool beteiligen. Hierbei liegen die Ausgaben und der Aufwand niedriger als beim Mining von Zuhause aus. Zusätzlich können Sie sich durch Empfehlungen weitere Boni erarbeiten. Um sich für den richtigen Anbieter entscheiden zu können, empfiehlt es sich, nicht nur die Vertragsdauer und die Gebühren, sondern auch die Hashrates und die Prognose der Resultate zu vergleichen. Überlegen Sie auch, welcher Firma Sie eher vertrauen können, einem Start-up, das mit hohen Provisionen winkt, oder einer etablierten Firma, die bereits aus ihren Erfahrungen gelernt hat.

3. Investieren in Kryptowährungen

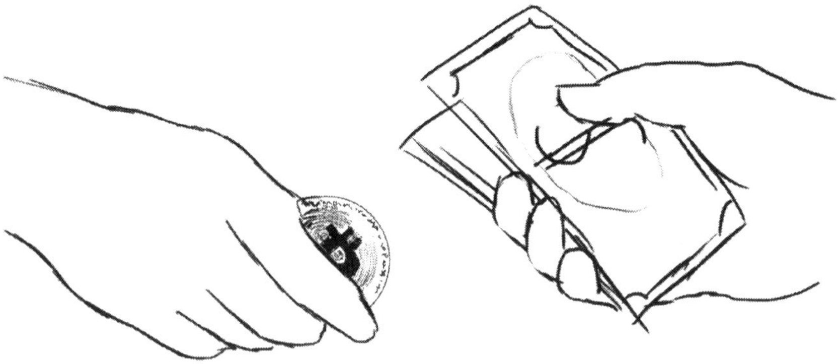

Wie bereits aus dem Bisherigen hervorging, ist das Investment in Kryptowährungen sehr spekulativ. Umso besser, dass Sie dieses Buch zu Rate ziehen. Dennoch muss ich allein aus Haftungsgründen von vorneherein festhalten, dass Gewinne nicht garantiert werden können und Sie sogar Ihren Einsatz komplett verlieren können. Daher wollen wir gleich mal tief in die Materie einsteigen, um sinnvolle Strategien entwickeln zu können.

Für den Beginn eignet sich das Wallet als Depot für eine gewisse Anzahl an Coins der favorisierten Währung. Investieren Sie nur, wenn Sie Geld dafür übrighaben. Wirklich übrig. Wenn Sie also das Geld nicht für Ihr normales Leben benötigen. Lassen Sie sich nicht von anderen verleiten, weil Sie irgendwo die Information bekommen, dass bei einer bestimmten Kryptowährung eine sehr große Gewinnsteigerung zu erwarten ist. Seien Sie besonders bei einem Hype sehr achtsam.

Wenn Sie schließlich über Ihrem Return on Invest liegen, haben Sie bereits einen Gewinn gemacht. Bleiben Sie nun bitte dabei und investieren Sie maximal so viel, wie Sie gewonnen haben. Kryptowährungen können sehr volatil sein, so bleiben Sie aber auf der sicheren Seite. Beobachten Sie die Wertentwicklung Ihrer Coins ständig. Kündigt sich ein deutlicher Abwärtstrend an, dann veräußern Sie ihre Coins wieder, denn das oberste Ziel muss es sein, die Verluste so gering wie möglich zu halten. Das gilt für alle Spekulationen auf Kursgewinne, an der Börse wie bei den Kryptowährungen.

Steigen Sie mit dem Kauf ein, wenn der Kurs günstig steht. Um das herauszubekommen, benötigen Sie im Vorfeld etwas Geduld. Beobachten Sie die Charts der von Ihnen ausgewählten Kryptowährung ein paar Tage lang, um ein Gefühl dafür zu bekommen. Erkundigen Sie sich aber auch über deren langfristige Wertentwicklung in der Vergangenheit. Ist der Kurs jetzt günstig, steigt er aber insgesamt? Oder ist er günstig, weil er nach einem Hype wieder gesunken ist? Ist die Prognose realistisch, dass es wieder einen Wertanstieg geben wird? Folgen Sie also dem Motto: Beobachten, beobachten, beobachten. So werden Sie schneller Profi und schützen Ihr Vermögen vor dem Verlust.

Neben dem Erwerb von einzelnen Coins bieten sich auch das Cloud Mining und sog. Mining Pools als Investitionsmöglichkeit an, da hier nur wenig Erfahrung gefragt ist. Zusätzlich kann der Return on Invest leichter ermittelt werden, da der eigene Aufwand besser kalkulierbar ist. Zudem benötigen Sie keine weitere Zeit, die Sie zum Beispiel beim Traden einsetzen müssten.

Es ist inzwischen möglich, mit Coins, aber auch mit Token in Kryptowährungen zu handeln. Wie weiter oben schon ausgeführt, bietet es sich an, mit dem Traden zu beginnen, wenn man sich bereits ein paar eigene Coins geschürft hat und mit dem Mining im schwarzen Bereich angekommen ist.

Dennoch kann sicherlich gesagt werden, dass es sich jetzt, da alles noch im Aufbau ist, lohnt, in Altcoins, aber auch in Bitcoins zu investieren. Gerade der klassische Bitcoin ist hier sehr gefragt, seitdem sein Kurs Ende 2017 ganz enorm angestiegen ist. So sollten Bitcoins und Satoshis (der Cent des Bitcoins) im Wallet gehalten werden, um von der Kurzsteigerung zu profitieren. Dasselbe gilt auch für das Bitcoin Gold, das durch eine *hard fork* [7] vom Bitcoin abgespalten wurde. Zum Minen empfehlen sich besonders Litecoin und Dash, da hier die Blöcke mit weniger Aufwand erstellt werden können. Zum Traden eignen sich bestimmte Altcoins eher als der Bitcoin. Hierunter fällt zum Beispiel der EOS-Token. Er ist noch relativ günstig, weshalb hiermit zu Beginn das Risiko auch überschaubar ist. Unter dieselbe Kategorie fällt auch der SiaCoin. Auch RaiBlocks Coins sind noch für wenig Einsatz erhältlich, doch ihre bishe-

7 Bei einer Blockchain geht es unter anderem um einen übergreifenden Konsens, nach welchen gemeinsamen Regeln geschürft und gehandelt wird. Kommt kein Konsens zustande, kann es passieren, dass eine neue Blockchain abgespaltet wird, die nach neuen Regeln agiert. Dann spricht man von einer hard fork.

rige Kursentwicklung ist recht vielversprechend, weshalb sie sich sowohl für das Traden als auch für das Halten anbieten. Es zeigt sich, wie wichtig es ist, sich immer mit dem Hintergrund der jeweiligen Kryptowährung zu beschäftigen. Besonders die Prognosen der einzelnen Plattformen sind kritisch zu betrachten. Soll dort ein Hype ausgelöst werden, können Sie kurzfristig mitmachen. Geht es um eine langfristige Investition, sollten Sie eine weniger volatile Währung auswählen.

Eine wirkliche Alternative ist der Steem, den Sie sich auf der Social-Media-Plattform Steemit mit regelmäßigem Content verdienen können. Je besser Sie dort vernetzt sind und je mehr Likes Ihre Beiträge erhalten, desto höher ist Ihr Gewinn. Und das ohne eigene Investition, lediglich durch Ihr Mitmachen.

Da Informationen beim Investieren ohnehin wichtig sind, bei virtuellen Wertanlagen aber noch mehr, habe ich im Folgenden eine Tabelle mit den wichtigsten Details der zehn Kryptowährungen mit der größten Marktkapitalisierung erstellt:

	Erfinder/Erscheinungsjahr	technische Grundlage	Besonderheiten
#1 Bitcoin (BCT)	Satoshi Nakamoto, 2009	Blockchain, Peer-to-Peer-Netzwerk	erste Kryptowährung größter Wertzuwachs
#2 Ethereum (ETH)	Vitalik Buerin, Gavin Wood, Jeffrey Wilke, 2015	Smart Contracts in eigener Blockchain	Blockchain plus smart contracts Netz aus Nodes
#3 Tether (USDT)	Brock Pierce, Reeve Collins, Craig Sellars, 2015	Bitcoin-Blockchain, Omni-Layer Protocol	Stablecoin Wert entspricht 1:1 dem US-Dollar

#4 Binance Coin (BNB)	Changpeng Zhao, 2017	Binance Smart Chain, Defi-Plattform	eigene Währung der Exchange-Plattform Binance
#5 Cardano (ADA)	Input Output Hong Kong (IOHK), Charles Hoskinson, 2015	Blockchain, arbeitet auf zwei Ebenen (Zahlungen sowie smart contracts und DApps)	modularer Aufbau, verbesserte Interoperabilität zwischen den Kryptowährungen und der institutionellen Finanzwelt
#6 Ripple (XRP)	Ripple Laps, gegr. von Ryan Fugger, Chris Larsen und Jed McCaleb, 2012	Open-Source-Protokoll	Zusammenarbeit mit internationalem Zahlungsverkehr
#7 Dogecoin (DOGE)	Billy Markus, Jackson Palmer, 2013	Scrypt-Technologie	User-Subkultur gegenüber etablierten Kryptowährungen
#8 USD Coin (USDC)	Circle 2018	Stablecoin der Exchange-Plattform Coinbase, läuft als mobile App	mit dem US-Dollar gesichert
#9 Polkadot (DOT)	Gavin Wood, Robert Habermeier, Peter Czaban, 2017	heterogene Multi-Chain	verbindet existierende Blockchains miteinander
#10 Uniswap (UNI)	Hayden Adams, 2018	Ethereum-Blockchain	dezentrale Exchange-Plattform

Tabelle 1: Die ersten 10 Einträge bei Coinmarketcap.com
Quelle: eigene Darstellung

Anmerkung: Bei dem Ranking handelt es sich um den aktuellen Stand von Mai 2021. Die Reihenfolge in der Tabelle kann sich jederzeit ändern.

No1 Bitcoin (BCT oder XBT)

Bitcoin wurde als erste digitale Kunstwährung im Jahr 2009 aufgelegt. Am Bitcoin und seiner Blockchain-Technologie orientieren sich viele der nachfolgenden Kryptowährungen, den Altcoins. Der Bitcoin hat als solcher keinen eigenen Wert. Der Wechselkurs entstand erst durch Absprache verschiedener User. Es handelt sich daher zwar um eine Währung, doch wird sie nicht staatlich kontrolliert oder gesetzlich reglementiert.

Ein äußerst wichtiger Aspekt ist ihre Fälschungssicherheit. Dafür wird mithilfe der Blockchain eine sehr ausgeklügelte Verschlüsselungstechnologie angewendet. Diese beruht auf einer Open-Source-Software. Auch durch die dezentrale Struktur des Netzes gleichberechtigter Rechner (*peer-to-peer*) wird die Sicherheit zusätzlich gewährleistet. Jede Transaktion wird auf allen beteiligten Rechnern aufgezeichnet. Hierbei geht es nicht nur um das Kaufen und Verkaufen von Coins, sondern auch um das Erstellen neuer Einheiten. Dieses sog. Schürfen (*mining*) ist nicht nur technisch aufwendig, sondern benötigt auch viel Strom, weshalb zusätzliche Kosten entstehen, die in die Wertschöpfung miteingerechnet werden müssen.

Bitcoins liegen in drei Größen vor: Als Bitcoins, als Bitcents und als Satoshis, die den 1/100.000.000-ten Teil eines Bitcoins darstellen. Sie sind nach dem Pseudonym des Entwickler-Teams, Satoshi Nakamoto, benannt. Niemand weiß bis heute, welche Personen wirklich dahinterstecken. Man ist sich lediglich darüber einig, dass es sich sehr wahrscheinlich nicht um eine Einzelperson handelt. Zu dem Bitcoin und seiner Erfindung kursiert ein sog. Whitepaper, das seine technischen Grundlagen und seine Motivation erläutern.[8] Es erschien am 01. November 2008 in der Cryptography Mailing List und ist lediglich 8 Seiten lang. Das Revolutionäre an den dortigen Ausführungen ist, dass die technologischen Grundlagen der neuen Währung so ausgeklügelt sind, dass sie tatsächlich als erste digitale Währung gänzlich ohne Vertrauen auskommt. Die folgende Grafik zeigt eine Übersicht über die Grundidee der Blockchain.

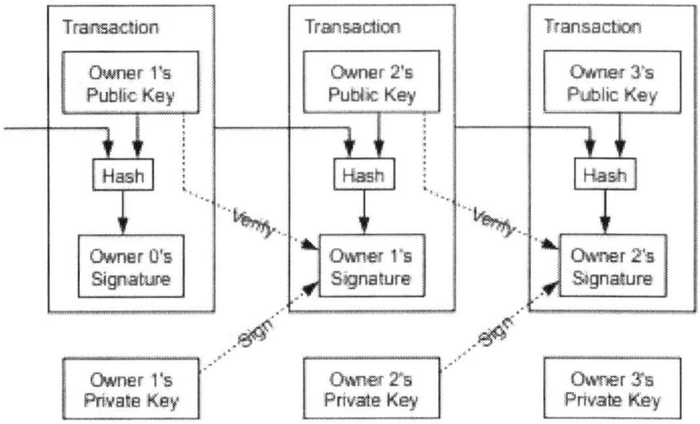

Abbildung 1: Grundidee der Blockchain
Quelle: S. Nakamoto, Bitcoin: A Peer-to-Peer Electronic Cash System (2008), S. 2

Der Bitcoin hat bereits eine recht wechselhafte Entwicklung hinter sich. Zu den Anfängen kursiert die Anekdote, dass jemand im Mai 2010 zwei Pizzen für 10.000 BTC gekauft habe.[9] Anfang 2012 lag der Wert des Bitcoins immer noch bei 5 $. Aktuell liegt sein Gegenwert jedoch bei 36.195 $. Diese unglaubliche Wertsteigerung erklärt auch, warum eine so kleinteilige Aufteilung wie der Satoshi sinnvoll geworden ist. Doch noch immer ist der Bitcoin sehr volatil. So lag sein Wert noch vor einem

8 S. Nakamoto, Bitcoin: A Peer-to-Peer Electronic Cash System (2008), online abrufbar unter: https://bitcoin.org/bitcoin.pdf

9 K. Knitterscheidt (2017): Wie ich 20 Bitcoins à drei Euro kaufte, in: Handelsblatt vom 19.12.2017, online abrufbar unter: https://www.handelsblatt.com/finanzen/maerkte/devisen-rohstoffe/kryptowaehrung-wie-ich-20-bitcoins-a-drei-euro-kaufte/20747184.html?ticket=ST-10648822-fXI0Y2bvunAbzbdpdBT7-ap3

Monat bei knapp 59.000 $. Bereits innerhalb eines Tages kann der Wert um 2.500 Dollar schwanken.

Die neueste Entwicklung wird auf ein großes Investment von Tesla, Inc. zurückgeführt. Tesla hatte im Februar 2021 1,5 Mrd. US-Dollar in Bitcoin angelegt. Eine solche Aktion stärkt natürlich das Vertrauen in die digitale Währung, weshalb sich nun mehr User trauen, mit ihrem Vermögen ebenfalls auf diese Kryptowährung zu setzen. Kürzlich hat Tesla jedoch den hohen Stromverbrauch von Bitcoin kritisiert – woraufhin nicht nur der Kurs von Bitcoin drastisch abgefallen ist. Da sich der Wert des Bitcoins jedoch inzwischen auf einem sehr hohen Niveau bewegt, schadet dies einer langfristigen Anlage noch nicht gravierend.

Das Vertrauen in den Bitcoin beweist auch das australische Start-up Finder, das sich dafür entschieden hat, die Gehälter seiner Mitarbeiter zu 25 % in Bitcoin auszuzahlen.[10] Die australische Exchange-Plattform BTC Markets lässt ihre Mitarbeiter den Prozentsatz an Kryptowährungen für ihr Gehalt selbst bestimmen. Dabei sollten verschiedene Kryptowährungen kombiniert werden, um das Risiko zu reduzieren.

Auf die technischen Einzelheiten und die Möglichkeiten, mit dem Bitcoin ein eigenes Vermögen aufzubauen, wird im Laufe des vorliegenden Buches detailliert eingegangen, weshalb das hier nicht noch einmal erwähnt wird. Bei den folgenden Währungen werden jedoch mögliche Unterschiede genauer erläutert.

---

10 ohne Autor (2021): Vorreiter Australien: Erste Unternehmen zahlen Gehälter auch in Bitcoin aus, in: finanzen.net vom 02.06.2021, online unter: https://www.finanzen.net/nachricht/devisen/krypto-gehaelter-vorreiter-australien-erste-unternehmen-zahlen-gehaelter-auch-in-bitcoin-aus-10191361

No2 Ethereum (ETH)

Ethereum rankt auf Platz 2 bei dem Vergleichsportal CoinMarketCap, wenn auch mit weitem Abstand zur Nummer 1, dem Bitcoin. Das liegt zum einen an dem Umfang der Marktkapitalisierung, zum anderen aber auch an der kontinuierlich steigenden Kurve im Chart. Den Ether gibt es seit 2015. Auch seine Funktionsweise und seine Grundlagen wurden in einem Whitepaper veröffentlicht.[11] Er erweitert die Blockchain-Technologie mit *smart contracts*. Es handelt sich also nicht nur um eine Kryptowährung, sondern bietet auch dezentrale Anwendungen an, um Daten austauschen zu können, die normalerweise auf einem zentralen Server liegen. Daher können keine Daten verloren gehen oder gestohlen werden. Auch eine Zensur ist nicht möglich.

Jeder Teilnehmer synchronisiert seinen Ethereum-Client mit dem gesamten Netzwerk. So können die verschiedenen Anwendungen genutzt werden. Doch das notwendige Wallet für die eigenen Ether-Coins muss kompatibel mit Ethereum sein. Hierzu zählen *Ethereum Wallet*, *MyEtherWallet*, *Freewallet* und *HelioWallet*, aber auch *MyCrypto*, *Parity* und *Guarda*. Um sich eigene Ether-Coins zu verdienen, ist es ratsam, sich einem Mining Pool anzuschließen. Dieser führt den Algorithmus *Ethash* durch und schürft damit neue Ether. Die beteiligten Computer bilden das Ethereum-Netzwerk. Die sog. Nodes verfolgen unterschiedliche Aufgaben. Die einen enthalten die komplette Kopie der Blockchain oder eine reduzierte, die anderen dienen dem Mining. Zusätzlich zum Ether gibt es noch die Ethereum-Token. Das Besondere an ihnen ist, dass sie einen festgelegten Wert haben, unabhängig von den Kursveränderungen des Ethers. Sie heißen daher auch Stablecoins.

Inzwischen gibt es hunderte verschiedener Stablecoins, die sich vor allem in der Art ihrer Absicherung unterscheiden. Daher ist auch hier ein we-

11 V. Buterin, Ethereum Whitepaper (2013), online abrufbar unter: https://ethereum.org/en/whitepaper/

nig Recherche notwendig, bevor Sie hierin investieren. Doch der Vorteil von Stablecoins liegt darin, dass Sie sie verleihen und damit eine Rendite erwirtschaften können. Am bekanntesten und stabilsten sind der Dai und der USDC. Sie werden in der Regel auf einer Exchange-Plattform gegen Token getauscht. Vor allem bei den DApps (dezentralisierte Apps) werden sie gerne für In-App-Käufe verwendet.

Der *smart contract* ist ein digitaler Vertrag, der dadurch zustande kommt, dass alle Bedingungen erfüllt sind. Somit ist keine weitere Kontrolle mehr notwendig. Dies gilt bereits für den Zahlungsverkehr, kann aber auch auf andere Zusammenhänge übertragen werden. Hohe Sicherheit wird dadurch gewährleistet, dass die *ethereum virtual machine* (EVM), auf der die *smart contracts* ausgeführt werden, die Client-Umgebung von der Host-Umgebung abkapselt. Das dezentrale Konzept wird noch durch die DApps (dezentrale Apps) erweitert, die anstelle der üblichen Client-Server-Modelle eingesetzt werden. Auch hierfür werden *smart contracts* eingesetzt. Die DApps sind Anwendungen aus vielen Lebensbereichen wie soziale Medien, Arbeit, Finanzen oder Gaming.

Trotz aller Vorkehrungen wurden im Juni 2016 durch einen Fehler in einem *smart contract* 3,6 Mio. Ether vernichtet. Jetzt war die Community der Ether-User gefragt, wie mit dem Vorfall umzugehen sei. Schließlich ging es um einen Gegenwert von 65 Mio. Euro. Schließlich wurde eine *hard fork* beschlossen: aus der ursprünglichen Blockchain wurde Ethereum Classic (ETC), die neue Gründung betreibt die abgespaltene Haupt-Blockchain, die weiterhin Ethereum heißt. 2019 kam es schließlich zu einem Hackerangriff auf Ethereum Classic.

Seitdem ist es schwieriger geworden, Exchange-Plattformen zu finden, auf denen mit ETC gehandelt werden kann. Durch den Hackerangriff gibt es nämlich Einheiten, die doppelt vorhanden sind. Doch inzwischen wurde der Sicherheitsstandard erhöht, indem von dem Proof of Work auf den Proof of Stake umgesattelt wurde. Durch die Validatoren, die die

Aufgabe von Minern und von Vermittlern übernehmen, wird dadurch zusätzlich der Energieverbrauch drastisch reduziert.

Der Beginn von Ethereum war etwas schleppend, doch Mitte 2017 stieg der Wert etwas an, um einen ersten Höhepunkt mit ca. 1.000 € Anfang 2018 zu erreichen. Danach fiel der Wert wieder auf ca. 150 € ab. Seit Mitte 2020 ist der Kurs jedoch rapide gestiegen und lag am 09. Mai 2021 sogar bei 3.150 €. Aktuell schwankt der Kurs wieder, jedoch kann das als gutes Zeichen für ein erfolgreiches Traden angesehen werden.

NO3 TETHER (USDT)

Die Bezeichnung Tether ist vom englischen Wort „tethered" abgeleitet und bedeutet „angebunden", denn der Tether orientiert sich am US-Dollar. Er funktioniert also wie ein Stablecoin, ist aber eine eigenständige Kryptowährung. Bei CoinMarketCap rangiert er auf Platz 3, da er nach dem Bitcoin und nach Ethereum die drittgrößte Marktkapitalisierung aufweist. Seine Geschichte begann 2014 unter dem Namen Real-Coin. Um für mehr Klarheit zu sorgen und einer Verwechslung mit dem Bitcoin vorzubeugen, wurde jedoch recht bald die Namensänderung zu Tether vorgenommen. Der Wert des einzelnen Tethers entspricht dem eines Dollars. Auch für den Tether wird die Bitcoin-Technologie verwendet, allerdings keine eigene Blockchain, sondern lediglich das Omni Layer bzw. das Liquid Protocol von Bitcoin, Ethereum, Eos und Tron.

Das Ziel von Tether war von Anfang an, die Kursschwankungen der einzelnen Kryptowährungen abzufangen. Es schreibt sich auf die Fahne, das Beste aus beiden Welten (Krypto und Fiat) miteinander zu verbinden. Das erleichtert auch den Wechsel von Fiat-Geld in Krypto-Coins und umgekehrt ganz wesentlich. Es wird allerdings kritisiert, dass der Tether von einer Firma (Tether Limited) herausgegeben wird, also nicht den dezentralen Ansprüchen der bisherigen Kryptowährungen entspricht.

Auch wurde zu Beginn behauptet, der Tether wäre wie eine klassische Fiat-Währung durch den entsprechenden Gegenwert in Dollars gedeckt. Mit der Zeit stellte sich jedoch heraus, dass Tether Limited für die Deckung Kredite aufnehmen musste.

Trotz zwischenzeitlicher Vertrauensverluste hat sich der Tether als Token inzwischen etabliert, da er als kleine Währungseinheit recht praktikabel einsetzbar ist. Dennoch bleibt nach wie vor die Frage offen, inwieweit der Tether gedeckt ist. Besonders der rasche Anstieg der Stückzahlen lässt hier eine gezielte Marktmanipulation vermuten, die inzwischen nachgewiesen werden konnte.[12] Tether muss nun 18,5 Mio. US-Dollar Strafe zahlen und seine Verbindlichkeiten offenlegen. Daher wissen wir, dass lediglich 3 % der ausgegebenen Tether-Token mit Bargeld gedeckt sind, der große Rest ist mit sog. Inhaberschuldverschreibungen besichert, die in der Realität aber keine Sicherheit bieten. Die hohe Marktkapitalisierung wird den Tether aber langfristig stützen, auch wenn viele User jetzt wahrscheinlich auf andere Stablecoins wie Dai, Binance USD oder USD Coin wechseln werden.

Die Anbindung an eine bestimmte Währung hat sich als so praktisch erwiesen, dass es inzwischen alternative Tether gibt. Tether EURT ist zum Beispiel der Stablecoin zum Euro, der Tether CNHT der zum chinesischen Yuan und der Tether Gold (XAUT) korrespondiert mit dem Goldpreis.

Mit diesen Varianten lässt sich die Transparenz der jeweiligen Transaktionen deutlich erhöhen, abhängig von den Zielen, die Sie verfolgen. Hierbei geht es vor allem darum, über ein stabiles digitales Zahlungsmittel zu verfügen, denn aufgrund der Anbindung an Fiat-Geld lohnt es sich kaum, Tether als Geldanlage zu kaufen. Gerade beim Traden von Kryptowährungen (Crypto-to-Crypto) wird Tether als Zahlungsmittel verwendet,

---

12 J. Steinschaden, Tether: Stablecoin hauptsächlich durch Schuldverschreibungen gedeckt – nur 3 % Cash, in: Crypto Channel vom 13. Mai 2021, online unter: https://www.trendingtopics.at/tether-mehr-transparenz/

weil es die Kursschwankungen beispielsweise des Bitcoins auszugleichen vermag und keine weiteren Umrechnungen notwendig werden. Das erklärt auch seine weite Verbreitung (es wird von einer „Tetherisierung“ gesprochen), obwohl er selbst eigentlich nur ein Zwischenmedium darstellt.

NO4 BINANCE COIN (BNB)

Hier geht es um den Binance Coin – nicht zu verwechseln mit der Exchange-Plattform Binance. Sie verbindet nicht nur ihre Namensähnlichkeit, denn diese Krypto-Börse betreibt eine eigene Blockchain, die Binance Chain, die eben den Binance Coin ausgibt. Binance startete 2017 als Krypto-Börse noch ohne eigene Währung. Stattdessen gab sie über die Blockchain von Ethereum den ERC-20-Token aus.

Der Binance Coin beruht seit April 2019 auf einer neu entwickelten Blockchain-Technologie und setzt damit auf eine günstigere Ökobilanz als Bitcoin und sogar als Ethereum. Das Ziel ist dabei, die Transaktionskosten ganz wesentlich zu reduzieren. Ein weiterer Mechanismus, der dazu beiträgt, ist der Proof of Stake als Überprüfungstool im Gegensatz zum klassischen Proof of Work.

Eine zweite parallellaufende Blockchain, die Binance Smart Chain (BSC), nutzt das sog. DeFi-Ökosystem. DeFi steht für decentralized finance. Es geht um Autonomie, die durch die Blockchain und smart contracts gewonnen wird. Die Blockchain korreliert mit Open-Source-Anwendungen, vertritt also den demokratischen Ansatz. Da die Blockchain auf allen angebundenen Computern gespeichert ist, ist sie besonders fälschungssicher.

Die smart contracts sind zusätzlich selbstausführbare Vertragsbedingungen, die keinerlei Überprüfung durch Dritte mehr benötigen. Das Ziel dieser zweiten Blockchain von Binance ist es, mit anderen Krypto-Projekten interagieren zu können, ohne die ursprüngliche Binance Chain durch Angriffsmöglichkeiten von außen zu gefährden. Auch wenn die Binance Smart Chain in ihrem Spektrum der Blockchain von Ethereum sehr ähnelt, ist sie doch schneller und vor allem kostengünstiger. Da Ethereum aktuell dem Ansturm auf seine DeFi-Protokolle nicht gewachsen ist, bietet sich die Binance Smart Chain als günstige Alternative an. Allerdings ist letztere noch nicht so sicher wie Ethereum.

Da sich die Binance Chain noch im Aufbau befindet, wird sie noch überwiegend von ihrer Mutter Binance kontrolliert. Grundsätzlich bietet der zugrundeliegende Tendermint-Algorithmus die Möglichkeit der dezentralen Konsensfindung, die jedoch noch nicht umfänglich freigegeben wurde. Für die User bedeutet das ein gewisses Risiko, sollte sich Binance nicht als vertrauenswürdig erweisen. Andererseits wurde für die Verifizierung der neu ausgegebenen Coins ein Stakingverfahren eingesetzt, das weniger rechenintensiv ist als bei anderen Blockchains. Somit können neue Blöcke wesentlich schneller berechnet werden, was die anfallenden Kosten deutlich reduziert. Gleichzeitig findet kein Mining durch angegliederte User statt. Zusätzliche Einnahmen kann nur ein Validator erwirtschaften, der die Ausführung der anfallenden smart contracts koordiniert.

Im Vergleich zu Ethereum erweist sich das System der miteinander verzahnten, parallellaufenden Blockchains als sehr sinnvoll. Dies lässt sich an den entstehenden Transaktionskosten ablesen, die beim Traden auf Binance niedriger sind. Außerdem kam es bereits vor, dass eine der DApps Ethereum für eine gewisse Zeit lahmgelegt hat. Das kann bei Binance nicht passieren. Die Trennung der Smart-Contract-Infrastruktur von den eigentlichen Exchanges bedeutet eine stets gleichbleibende hohe Einsatzfähigkeit.

Zudem ist Binance mit Ethereum und Bitcoin über die sog. Binance Bridge miteinander verbunden. Hierfür werden Token verwendet, die auf mehreren Netzwerken eingesetzt werden können. Das Ziel ist schließlich über DApps viele verschiedene Anwendungsmöglichkeiten zuzulassen, die vor allem Online-Gamer anziehen sollen.

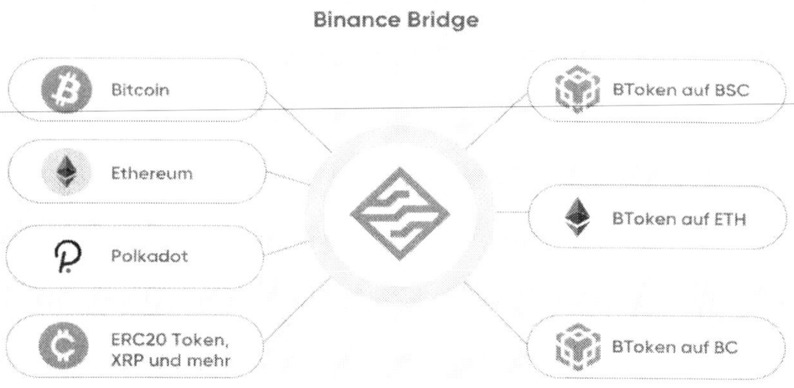

Abbildung 2: Eine Binance Bridge
Quelle: Capital.com Research Team, 01. Juni 2021, online unter: https://capital.com/de/binance-coin-prognose-2021

Der Binance Coin ist untrennbar mit der Exchange-Plattform Binance verbunden, ja er wurde eigens für die Bezahlung der dort anfallenden fixen Gebühren entwickelt. Eines der Ziele von Binance war es dabei, eine Plattform nur für den Handel mit Kryptowährungen bereitzustellen. So werden die Kosten, die bei jeder Transaktion entstehen, zusätzlich um 25 % reduziert, wenn diese ebenfalls mit dem Binance Coin beglichen werden. Wer also auf dieser Plattform unterwegs ist, sollte sinnvollerweise eine gewisse Anzahl an Binance Coins vorrätig haben. Doch ist es inzwischen auch möglich, mit Fiat-Geld zu agieren. Trotzdem empfehle ich Ihnen, für den Kauf von Binance Coins verschiedene Anbieter zu vergleichen. Denn der Preis hängt immer von den zusätzlichen Gebühren ab, die an den einzelnen Börsen unterschiedlich ausfallen. Zudem zählen hier auch die Datensicherheit und die Nutzerfreundlichkeit als ausschlaggebende Kaufargumente, die zum Beispiel von Bitpanda gewährleistet werden.

Aktuell wird Binance vor allem im asiatischen Raum genutzt. Als Exchange-Plattform gehört sie mit über 740 Krypto- und Fiat-Währungspaaren zu den größten. Ein Grund dafür ist die enorme Geschwindigkeit, in der dort die Transaktionen durchgeführt werden. Angeblich können pro Sekunde 1,4 Millionen Transaktionen stattfinden. Auch die geringeren Gebühren gegenüber Ethereum und die zusätzlichen Einsparungen durch den Utility Coin, als welcher der Binance Coin auf der Plattform eingesetzt wird, ziehen immer mehr User an.

No5 Cardano (ADA)

Die Bewertung von Cardano schwankt zwischen der drittgrößten und der fünftwichtigsten Cyberwährung. Cardano zählt dabei zu den „grüneren" Kryptowährungen. Es handelt sich um eine dezentrale Plattform, die neben der Währung (ADA) auch smart contracts und DApps unterstützt. ADA ist das auf der Plattform bevorzugte interne Zahlungsmittel. Namensgebend war Ada Lovelace (1815-1852), die erste Programmiererin. Der Gründer von Cardano, Charles Hoskinson, hatte bereits bei Ethereum als Mitbegründer Erfahrungen gesammelt und möchte mit Cardano eine bessere Variante herausgeben. Es geht dabei vor allem um eine größere Sicherheit und die Skalierbarkeit der Prozesse. Die Schwierigkeiten, die die bisherigen Kryptowährungen aufwiesen, sollen mit Cardano behoben werden. So kann man von drei Generationen an Kryptowährungen sprechen. Bei der ersten (Bitcoin) wurden lediglich Zahlungen durchgeführt – ohne weitere Anwendungen oder gar Verträge. Bei der zweiten sind Verträge und Anwendungen hinzugekommen (wie bei Ethereum und Binance). Die dritte Generation soll schließlich mit Cardano eine noch größere Operabilität erreichen und dabei nachhaltiger funktionieren.

Dies kann gelingen, weil die bisherigen Blockchain-Ansätze wissenschaftlich auf ihre Schwachstellen hin untersucht wurden. Die neue Technologie wird modular umgesetzt, damit leichter nachgebessert werden kann. Zudem wird das Prinzip der Quelloffenheit verfolgt. Insbesondere von Ethereum unterscheidet sich die Konstruktion von Cardano dadurch, dass zwei verschiedene Layer parallel laufen. Der Cardano Settlement Layer (CSL) verarbeitet die Zahlungen, der Cardano Computation Layer (CCL) die smart contracts und die DApps. Sollten irgendwelche Änderungen im Code notwendig werden, ist es auf diese Weise einfacher, eine Implementierung vorzunehmen.

Das Nutzererlebnis wird besser durch die nötige Bandbreite, die eine höhere Anzahl an Transaktionen pro Sekunde erlaubt und die Sicherung der hohen Datenmenge zulässt. Dazu wurde ein neues Proof-of-Stake-Protokoll entwickelt, das mit einer quantensicheren Verschlüsselung arbeitet. Dies soll vor allem die Kosten für einen neuen Block innerhalb der Blockchain drastisch reduzieren. Gleichzeitig ermöglicht das Staking auch, Auszahlungen zu generieren (die sog. Staking Rewards). Hierzu benötigen die User lediglich ADA-Token und müssen einen Staking-Pool betreiben.

Cardano möchte zudem die vielen Parallelwelten der einzelnen Blockchains sowie der Finanzdienstleistungen miteinander verbinden. Seine Kritik an den dazwischengeschalteten Exchange-Plattformen richtet sich zum einen gegen die steigenden Kosten, die durch wiederholtes Tauschen der verschiedenen Währungen und Tokens entstehen, zum anderen aber gegen die fehlende Rechtssicherheit bezüglich der geschäftlichen Aktionen. Mit dem Ziel der Interoperabilität sollen die Protokolle der unterschiedlichen Akteure einheitlich verschlüsselt und abgelegt werden können. Hierbei gilt es, den Ansprüchen der Transparenz und des Schutzes der Privatsphäre gleichermaßen gerecht zu werden.

Diese Entwicklung dauert noch an. So konnte man auch in diesem Frühjahr mehrere wichtige Updates verfolgen. Zum Beispiel wurde mit dem Update Shelley die Blockproduktion noch stärker dezentralisiert. Seit Ende März 2021 ist sie nun komplett dezentralisiert. Die Stake Pool

Operators (SPOs) starteten mit sieben Kernknoten. Jetzt gilt es, die Verbindung untereinander und zu weiteren ca. 200 Relais auszubauen. Das Ziel ist es, über einen Peer-to-Peer-Code die Effizienz wesentlich zu steigern und schließlich auf Community-Knoten umzusteigen. Die *hard fork* namens Mary erlaubt es den Nutzern nun, dezentrale Finanzinstrumente direkt auf der Blockchain zu entwickeln. Auch die Möglichkeit, smart contracts zu schließen, wurde durch das Update Goguen erweitert. Diese wird mit der Computersprache Plutus umgesetzt, für die aktuell Entwickler geschult werden.

Soziale Kooperationen sind durch die DApps auf Cardano ebenfalls möglich. So wurde eine DApp für Äthiopien entwickelt, um landesweit die Bildung zu erhöhen und Arbeitskräfte zu schaffen (Atala PRISM ID).[13] Auch in Tansania wird eine Kooperation mit Cardano angestrebt, um die Nutzung diverser Dienstleistungen auf eine demokratische Basis zu stellen.

NO6 RIPPLE (XRP)

Der Ripple unterscheidet sich von den anderen Kryptowährungen, da er gezielt mit dem klassischen Finanzsystem zusammenarbeitet. So eignet er sich insbesondere für Überweisungen ins Ausland. Das ist möglich, da er bereits 2016 eine offizielle Geschäftslizenz vom Bundesstaat New York dafür erhielt (sog. BitLicence). Im Laufe der Jahre schlossen sich weitere Länder und Banken der Plattform des Ripples an, sodass sie jetzt international genutzt werden kann.

Dafür wird ein anderes Open-Source-Protokoll als bei den Blockchains anderer Kryptowährungen angewendet,[14] das die Anbindung verschie-

13 M. Hensel, IOHK kündigt Blockchain-Implementierung in Äthiopien an. Blockchain Insider 17. Mai 2021, online unter: https://www.blockchain-insider.de/iohk-kuendigt-blockchain-implementierung-in-aethiopien-an-a-1023706/

14 B. Chase & E. MacBrough, Analysis of the XRP Ledger Consensus Protocol,

dener Zahlungsnetzwerke an Ripple ermöglicht. Wie bei anderem Cybergeld ist die Transparenz der Blockchain beim Ripple zwar ebenfalls gegeben, für die Konsensbildung werden jedoch nur 80 % der Nodes benötigt. Das liegt möglicherweise daran, dass im Gegensatz zu anderen Kryptowährungen vom Ripple bereits alle vorgesehenen Coins ausgegeben worden sind. Deshalb gibt es hier keine Möglichkeit, durch Mining zusätzliches Einkommen zu erzielen.

War eine validierte Transaktion erfolgreich, werden 0,00001 Ripple vernichtet – ähnlich wie beim Binance Coin, bei dem Coins konsequent „verbrannt" werden, um den Wert der Währung zu steigern. Die Transaktionen selbst werden in einem öffentlichen Register in dem Peer-to-Peer-Netzwerk der angeschlossenen Computer gelistet. Auf diese Weise soll das Vertrauen in die Währung, das unser normales Geldsystem stützt, auf die Kryptowährung übertragen werden.

Der Ripple ist kein echter Coin, sondern ein Token, abgekürzt als XRP. Umgangssprachlich wird aber auch einfach von Ripples gesprochen. Gleichzeitig ist die „Blockchain für Banken" ein Handelsplatz, eine Exchange-Plattform. Der Ripple spaltet die Gemüter, da er von den Hardcore-Kryptomaniern abgelehnt, aber von den Finanzinstituten bevorzugt wird. Daher wird hier auch empfohlen, nicht in den Ripple als solchen zu investieren, sondern in ein Hebelprodukt, ein CFD (Contracts for Difference), ein Wertpapier, das auf die Wertsteigerung des Ripple-Kurses spekuliert. Mit Ripple-Zertifikaten (beispielsweise von Vontobel) spekuliert der Anleger auf die Performance der Cyberwährung.[15] Mini-Futures lassen Sie ebenfalls überproportional von der Kursentwicklung Ihrer Kryptowährung profitieren. So werden Ripples gerne als Depotabsicherung gegen sinkende Kurse eingesetzt, vor allem wenn ein Stopp-Loss eingebaut wurde.

---

21. Febr. 2018, online unter: https://arxiv.org/pdf/1802.07242v1.pdf

15 Vontobel lanciert ein Zertifikat auf Ripple für Anleger, die einfach und transparent am Ripple-Kurs partizipieren wollen, vontobel, 06. Juni 2021, online unter: https://www.vontobel.com/de-de/impact/vontobel-lanciert-ein-zertifikat-auf-ripple-fuer-anleger-die-einfach-und-transparent-am-ripple-kurs-partizipieren-wollen-15760/

Die skizzierten Widersprüchlichkeiten durch das Profil von Ripple zeigten sich auch Ende 2020, als die amerikanische Börsenaufsicht SEC Vorwürfe wegen nicht registrierter Wertpapiere gegen Ripple Laps erhob. Daraufhin stoppten einige Exchange-Plattformen das Traden mit Ripple. Die institutionellen Anleger jedoch kauften weiterhin die Ripple Coins. Nun warten alle auf eine gütliche Einigung mit dem Gericht, damit der Kurs des Ripple weiter steigen kann.

Ripple wendet sich zwar ausschließlich an Investoren aus dem Finanzbereich. Dennoch dient der Ripple Anlegern als Zwischenprodukt, damit Finanztransaktionen einfacher vorgenommen werden können. Daher ist der Ripple nicht nur für User von Kryptowährungen interessant, sondern auch für Besitzer des normalen Fiat-Geldes. Konvertiert dieser sein Guthaben in XRP-Token, kann beispielsweise eine Überweisung schnell und reibungslos erfolgen – so als würde man eine Kreditkarte verwenden.

Aufgrund seiner Ausrichtung auf das institutionelle Finanzsystem ist der Ripple in seiner Struktur ein Zwitter, denn er ist einerseits hinsichtlich der Protokolle und Zulassungen zentralisiert (wie das Bankensystem) und andererseits hinsichtlich der Validierung dezentralisiert (wie die anderen Kryptowährungen). Er ist in ein internationales Netzwerk eingebunden, kann für diverse Apps verwendet werden und ist aufgrund seiner Volatilität auch für Investoren lukrativ. Aktuell können etwa 1.500 Transaktionen pro Sekunde erfolgen, doch soll diese Zahl noch auf eine halbe Million gesteigert werden. Eine solche Transaktion ist nicht nur sehr günstig, da sie ohne Gebühren auskommt, sondern auch sehr effektiv, da sie innerhalb von 4 Sekunden vonstattengeht. Das birgt einen weiteren Vorteil gegenüber der klassischen Fiat-Währung, weil sich dadurch das Wechselkursrisiko minimiert, das bei SWIFT-Überweisungen durch die übliche Dauer von mehreren Tagen entsteht. Da es beim internationalen Zahlungsverkehr zwischen den Banken um große Summen geht, kann insbesondere durch die Anwendung von xRapid viel eingespart werden.

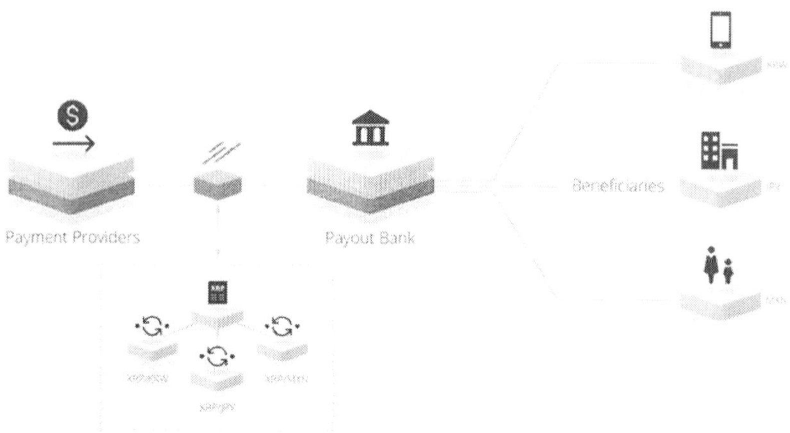

Abbildung 3: Die Vorteile des Ripple
Quelle: Was ist Ripple, online unter: https://www.cryptolist.de/ripple

Während die Anwendung xRapid die Liquidität der Banken schont, sorgt xCurrent für die kostengünstigen internationalen Transaktionen. Beide Anwendungen werden mit xVia miteinander verknüpft, sodass auch weitere notwendige Dokumente zu einer Transaktion hinzugefügt werden können.

Trotz all der Vorteile steht Ripple in der Kritik, ein zentralisiertes Netzwerk zu sein, weil die Entwickler selbst über 50 % aller Coins halten und auch die Validierung der Transaktionen nur von wenigen sog. trusted nodes vorgenommen werden können. Als Gegenargument wird hingegen angeführt, dass Ripple ja gegen starke Mächte auf dem Finanzmarkt wie SWIFT angehen bzw. ein Gegengewicht bieten möchte und dafür auch stark auftreten muss. Genau durch die Zentralisierung kann es eben als überzeugende Einheit auftreten. Der XRP dient dabei als unabhängige Währung, die nicht von den Banken manipuliert werden kann. In diesem Sinne nutzen bereits über 100 internationale Bankhäuser Ripple als Plattform für schnelle und kostengünstige Transaktionen – zum Vorteil ihrer Kunden.

NO7 DOGECOIN (DOGE)

Dogecoin will die Welt der Kryptowährungen auch für jüngere User attraktiv machen. Der Name ist aus der Welt der Meme abgeleitet (von griechisch: minema = imitieren). Doge selbst ist innerhalb der Meme eine eigene Internetkultur mit eigener Bildsprache und stilisierter Textform, der Doge Speak. Mit dieser Zielsetzung wurde die lustige Variante der Kryptowährungen im Dezember 2013 mittels *hard fork* von Litecoin abgespalten. Diese Spaß-Währung ist jedoch schon innerhalb der ersten zwei Wochen nach ihrem Start unter die ersten zehn Kryptowährungen aufgestiegen. Seit Januar 2014 zählt Dogecoin zu den Top-Five.

Im Gegensatz zu den bisherigen Cyberwährungen wird bei Dogecoin der Konsens nicht über einen Proof of Work gefunden, sondern mithilfe der Scrypt-Technologie. Interessant ist diese Währung vor allem für Miner, da sie – nachdem die Begrenzung auf 100 Mrd. Coins bereits im Februar 2014 aufgehoben wurde – nicht mehr nach oben limitiert ist. Dennoch wird die aktuelle Inflation von 5,3 % dadurch reduziert, dass die Anzahl der neuen Münzen pro Jahr begrenzt ist. Vorteilhaft für die Miner ist, dass das Schürfen auf verschiedenen gängigen Betriebssystemen funktioniert wie einem Mac, einem Windows-PC, aber auch einem Linux-Rechner. Das Interesse am Mining ist so groß, dass aktuell pro Minute ein neuer Block mit 10.000 neuen Coins geschürft wird. Da jedoch der kritische Proof of Work wegfällt, besteht ein relativ großes Risiko, dass Hacker einen Teil des DOGE-Volumens abzweigen.

Dem Spaßfaktor zuzurechnen ist, dass DOGE hauptsächlich als Trinkgeld eingesetzt wird, und zwar auf Twitter und Reddit. Aber auch auf anderen Social-Media-Plattformen wird diese Art von Anerkennung für hochwertigen Content eingesetzt. Zusätzlich können Sie sich Dogecoins auf bestimmten Webseiten schenken lassen. Diese laufen unter dem englischen Begriff *faucet* = Wasserhahn. Es gibt die Coins dementsprechend zwar nur tröpfchenweise, doch ist dies für den ersten Einstieg in die Materie bereits ein schönes Geschenk. Voraussetzung ist eine eigene Bitcoin-Adresse oder die Anmeldung als User. Diese sog. Tröpfchen werden wiederum in einem Micro-Wallet gesammelt, bevor sie Ihrem persönlichen Wallet gutgeschrieben werden können. Auf den Faucet-Seiten kann man sich immer wieder neue Tröpfchen abholen – auch für Bitcoins, Ethereum oder Litecoins. Dabei ist es wichtig, auf die Seriosität der Anbieter zu achten und regelmäßig die auf den Micro-Wallets angehäuften Werte auf das eigene Wallet zu übertragen. Sinnvoll ist es, die gewünschten Coins von verschiedenen Webseiten abzurufen. Das beschleunigt einerseits den Vorgang, andererseits ermöglicht es, Vergleiche zu ziehen und ein besseres Gefühl für die einzelnen Währungen zu bekommen. Je öfter Sie nun auf den einzelnen Seiten Ihre Tröpfchen abrufen, desto schneller geht der Vorgang vonstatten. Manche empfehlen, sich hierfür eigene Bookmarks anzulegen und stündlich erneut auf die Jagd nach dem geschenkten Geld zu gehen, da es sich ja um Minimalstbeträge handelt.

Der DOGE hat sich spätestens im Laufe des vergangenen halben Jahres in der Finanzwelt etabliert. Das belegt auch eine Studie der Investmentfirma Galaxy Digital, die seit dem 04. Mai 2021 vorliegt.[16] Diese hebt hervor, dass Dogecoin nicht durch einen ICO oder ein sog. Pre-Mining zu Beginn künstlich gepusht worden sei. Trotzdem weist Dogecoin klare Schwächen auf, denn es fehlt ihm eine eigene Wallet-Software sowie die nötige Infrastruktur, um sich entwickeln zu können. Zusätzlich spricht die starke Inflation, die durch die fehlende Limitierung gegeben ist, gegen den Dogecoin.

Der Dogecoin hat auch kein bestimmtes Ziel bzw. keinen klaren Nutzen (außer der Abgrenzung vom Establishment). Steigt also der Kurs, so liegt das lediglich an der Verrücktheit der User. Das bestätigt zum Beispiel die Kursralley, die das Statement von Elon Musk hervorgerufen hat, er sei

---

16 K. Helmy, Dogecoin: The Most Honest Sh*tcoin, Galaxy Digital Research 04. Mai 2021, online unter: https://docsend.com/view/vutymtgqjf99yrpu

„Dogefather".[17] Wessen Herz also für eine alternative Altcoin schlägt, die nicht mehr zu sein vorgibt, als sie wirklich ist, der kann hiermit zeigen, dass er up to date ist und sich weiterhin den Spaß erlauben, parallel zu den großen Finanzuniversen ein kleines Spiel zu spielen. Doch wenn allgemein das Interesse an dieser Cyber-Coin nachlässt, wird auch ihr Kurs kontinuierlich fallen. Dem können aktuell auch die vier Teilzeit-Entwickler nichts entgegenhalten, die als einzige am Dogecoin-Protokoll arbeiten. Wer weiß, vielleicht kann sich das mit Elon Musks Unterstützung in nächster Zeit ändern?[18]

No8 USD Coin (USDC)

Mit USD Coin folgt wieder ein Stablecoin auf dem Ranking des CoinMarketCap. Das Besondere ist zum einen, dass er auf dem ERC-20 Standard von Ethereum basiert und von der finnischen Firma Circle als Open-Source-Projekt entwickelt wurde.[19] Zum anderen aber, dass er – entgegen den anderen digitalen Währungen – mit dem US-Dollar gedeckt ist, was monatlich von dem Wirtschaftsprüfungsunternehmen Grand Thornton LLC überprüft wird. So werden von dem Konsortium Centre tatsächlich so viele Dollar verwahrt, wie Coins ausgegeben wurden. Dies ist also die erste „sichere" Kryptowährung. Das Ziel dieser Entwicklung war es, die Vorteile von Fiat-Geld und Kryptowährung miteinander zu verbinden. Durch die Programmierbarkeit des USD Coins können beide Welten zueinanderfinden.

Der Stablecoin USD Coin wurde von der Exchange-Plattform Coinbase entwickelt, um auf der eigenen Plattform für mehr Preisstabilität

17 Am 08. Mai 2021 auf Twitter

18 D. Petereit, Elon Musk wollte Dogecoin-Entwicklung finanzieren – Team lehnte ab, t3n.de vom 22. Mai 2021, online unter: t3n.de/news/elon-musk-dogecoin-finanzierung-1380433/

19 Centre, Whitepaper, Document Version 2.0, May 2018, online unter: https://f.hubspotusercontent30.net/hubfs/9304636/PDF/centre-whitepaper.pdf

zu sorgen. Interessant ist dabei, dass die Technologie darauf ausgelegt ist, auf dem Smartphone zu funktionieren. Dadurch wird die Kryptowährung noch praxis- und alltagstauglicher. Der USDC eignet sich also für kleinere Transaktionen, die nicht dem Wechselkursrisiko unterliegen und für die nur geringe Gebühren anfallen. Da dieser Stablecoin einem Ethereum-Token entspricht, kann er überall dort eingesetzt werden, wo die Technologie mit Ethereum kompatibel ist. Das ist auch wichtig für das eigene Wallet zu wissen.

Da es den USDC noch nicht sehr lange gibt, kann noch keine Aussage über seine Wertentwicklung getroffen werden, doch verspricht die Absicherung mit dem Dollar mehr Stabilität als bei anderen Kryptowährungen. Interessant ist jedoch, dass in einem USDC Wallet auch echte Dollars gespeichert werden können. Dies reduziert die Transaktionskosten wiederum und beschleunigt die einzelnen Aktionen. Die Deckung durch den Dollar stärkt das Vertrauen in die Kryptowährung, weshalb sie beispielsweise eher für Gehaltszahlungen akzeptiert wird. Auch das Crowdfunding wird hiermit schneller erfolgreich. Als Stablecoin stellt der USDC schon jetzt eine gute Alternative zu Tether dar. Die Nähe zur klassischen Finanzwelt eröffnet institutionellen Anlegern eine neue Möglichkeit, ihre Assets zu erweitern. Vor allem, dass USDC die gesetzlichen Rahmenbedingungen der USA einhält, ist für viele Banken ein wichtiges Argument für dessen Einsatz. Die hohe Transparenz machte es beispielsweise möglich, das Kreditkartenunternehmen VISA als Partner zu gewinnen. Das muss nun die Beträge aus der Kryptowährung nicht mehr erst in eine Fiat-Währung umwandeln, bevor eine Transaktion stattfinden kann, sondern kann die Blockchain von Ethereum nutzen.

N°9 POLKADOT (DOT)

Polkadot verbindet Blockchains miteinander, die von Hause aus nicht miteinander verbunden sind. In diesem Sinne ist es ein Netzwerk, das den Austausch von Nachrichten untereinander zulässt. Hierfür wurden spezifische Parachains entwickelt. Dabei wird sehr weit in die Zukunft gedacht. Einerseits geht es um eine dezentrale Gestaltung des Internets, zum anderen aber um das Internet der Dinge bzw. eine digitale Welt. Mit der Dezentralisierung soll vorrangig das Internet in die Kontrolle der privaten User gegeben werden, damit nicht weiterhin die großen Konzerne bestimmen, was dort läuft. Die Herausforderungen liegen einerseits auf der Sicherheit der einzelnen Blockchains, andererseits auf der akkuraten Umsetzung der jeweiligen Transaktionen. Doch gleichzeitig löst Polkadot genau diese Herausforderungen für viele der kleineren Blockchains, die diese mangels Manpower nicht stemmen können.

Die Hauptstruktur ist eine Relay-Chain. Sie dient als Host für andere Datenstrukturen (Blockchains). Der Fokus liegt dabei auf der Übertragbarkeit von Informationen zwischen den Blockchains. Dadurch wird das System der Multi-Chain mit seinen Parachains und Parathreads sehr komplex. Da die verschiedenen Ebenen jedoch getrennt sind, ist es gleichzeitig skalierbar. Bridges schließlich stellen die eigentlichen Verbindungen zwischen den einzelnen Elementen her. Die hohe Sicherheit, die Polkadot bietet, wirkt sich auch auf individuelle Chains aus, die dadurch einen geringeren technischen Aufwand betreiben müssen. Daher wird von einem „trustless" Verfahren gesprochen, denn die User können sich auf die Sicherheit des Systems verlassen, also ohne Vertrauen in den anderen handeln.

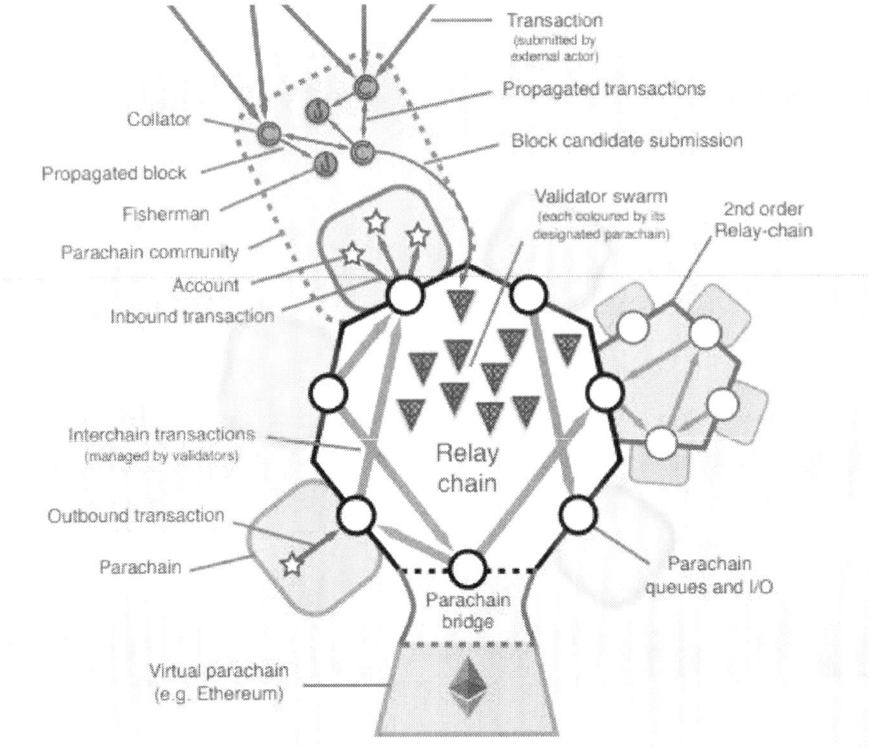

Abbildung 4: Das System von Polkadot
Quelle: G. Wood, Polkadot: Vision for a heterogeneous multi-chain framework (2016) S. 6, Abb. 2, online unter: https://github.com/w3f/polkadot-white-paper oder unter: https://www.the-blockchain.com/docs/Gavin%20Wood%20-%20Polkadot%20-%20%20Vision%20For%20A%20Heterogeneous%20Multi-chain%20Framework.pdf

Das Netzwerk, das Polkadot bietet, funktioniert ähnlich einer App, auf die verschiedene Teilnehmer zugreifen können, um Informationen auszutauschen und abzurufen. Aufgrund des Open-Source-Protokolls kann es automatisch aktualisiert werden. Um die notwendige (hohe) Sicherheit zu gewährleisten, gibt es verschiedene Aufgabenbereiche, die einzelnen Rollen zugeteilt werden. Dabei geht es einerseits darum, die Multi-Chain aktuell zu halten, und andererseits, das Netzwerk zu sichern. Hierzu dient auch das sog. nominierte Proof of Stake (NPoS), damit alle Chains denselben Regeln folgen und doch in sich unabhängig bleiben können.

Auch Polkadot hat einen Token (DOT) herausgegeben. Er startete am 15. Oktober 2017 mit einem ICO (Initial Coin Offering). Der große Erfolg zu Beginn wurde jedoch wenig später zunichte gemacht, als ein sog. Parity-Hack aufgedeckt wurde: Die Token wurden mit Ether eingekauft, von denen wiederum 2/3 durch einen Codefehler vernichtet worden sind. Erst im August 2020 startete die tatsächliche Einführung des Tokens zu einem Preis von 2,70 $.

Die DOT-Token dienen einerseits dem Betrieb der Multi-Chain, andererseits wird damit die Governance gesteuert. Denn im Sinne der Spieltheorie werden die ehrlichen User mit Token belohnt, die betrügerischen aber mit einem Entzug von Token bestraft – dies gilt vor allem für die User, die eine der funktionsrelevanten Rollen einnehmen wie die Validatoren oder Nominatoren.

Funktionierende Parachains werden mithilfe von Token an die Multi-Chain angebunden. Wird beim Proof of Stake erkannt, dass eine Parachain nicht mehr ihren Zweck erfüllt, werden die angehängten Token entfernt, sie wird somit stillgelegt. Es werden Token benötigt, um eine neue Blockchain an die Relay-Chain anzuschließen. Sie sind wie eine Miete zu verstehen, denn diese Token werden während der Laufzeit der Verbindung fest angelegt, aber nicht verzinst.

Aktuell ist der Platz für weitere Blockchains an der Relay-Chain noch auf etwa 100 begrenzt, doch für die Zukunft ist eine Nested Relay Chain geplant. Dadurch wird die Anzahl der angehängten Parachains unlimitiert sein. Doch bisher werden die freien Plätze versteigert, wozu ebenfalls die DOTs notwendig sind. Diese Verknappung wird aktuell noch sehr kritisiert, schließt sie doch die kleineren, weniger zahlungskräftigen Blockchains mit hoher Wahrscheinlichkeit von den gerade für sie sinnvollen Lösungen aus.

Die erwähnten Parathreads sind günstiger, da sie keine Blockchain erfassen, sondern lediglich für die Datenübertragung genutzt werden können. Sie sind daher eher für kleinere Blockchains interessant. Insgesamt trennt die Technologie von Polkadot zwischen der vertrauensbildenden Konsensbildung und den Transaktionen. Für weitere Operationen wie smart contracts oder DApps sind jedoch separate Blockchains notwendig. Upgrades werden demokratisch bestimmt. Vorteilhaft für das System ist, dass hierfür keine *soft fork* oder *hard fork* erforderlich wird, also keine Spaltung der Blockchain mit neuen Regelungen, für die ein gemeinsamer Konsens gefunden werden muss.

All die genannten Features machen Polkadot besonders für kleinere Blockchains interessant, die nicht auf die Entwicklung einer Kryptowährung ausgerichtet sind, sondern für spezielle Anwendungen genutzt werden sollen. Diese können von den Sicherheitsstandards von Polkadot bei verhältnismäßig geringen Kosten profitieren.

Um mit den DOTs das private Vermögen aufzubessern, ist es empfehlenswert, sich als Validator oder Nominator aktiv im Netzwerk zu engagieren, denn dann erhalten Sie Token als Belohnung. Zudem wird dem Token ein starker Wertzuwachs in den kommenden drei Jahren zugesprochen (bis zu 75 $).

No10 Uniswap (UNI)

Auf Uniswap werden Token getauscht. Es handelt sich um eine dezentrale Exchange-Plattform, auf der dieser Token-Tausch (Swap) automatisiert vonstattengeht.[20] Dabei geht es um ERC-20-Token von Ethereum. Im September 2020 hat Uniswap zudem seinen eigenen Token, den UNI, herausgegeben. Dieser dient vor allem dazu, die Kontrolle über die

20 H. Adams, N. Zinsmeister, D. Robinson: Uniswap v2 Core (March 2020), online unter: https://uniswap.org/whitepaper.pdf

Transaktionen und die Sicherheit der Plattform zu steuern. Der Besitz eines Tokens entspricht einem Stimmrecht bei Abstimmungen darüber, wie die Plattform weiter gestaltet und entwickelt werden soll.

Die Idee hinter Uniswap entspricht dem ursprünglichen Gedanken von Satoshi Nakamoto, eine dezentrale Finanzwelt zu ermöglichen. Denn die Exchange-Plattformen, die für das Traden notwendig geworden sind, entsprechen in der Cyber-Welt großen Finanzunternehmen, die dem dezentralen Ideal widersprechen. Zum einen erheben sie relativ hohe Gebühren, zum anderen lassen sie den Handel immer nur mit ausgewählten Kryptowährungen zu. Schließlich kooperieren sie mit den klassischen Finanzinstituten, weshalb sich der User ausweisen muss, wodurch seine Anonymität verloren geht. Der Handel auf den bisherigen Plattformen wird über sog. Order Books durchgeführt. Wer verkaufen möchte, muss sich aktiv einen Käufer suchen, der ihm ein gutes Angebot macht. Das macht den Vorgang relativ kompliziert.

Uniswap ermittelt den Wechselkurs automatisiert. Das vereinfacht das Traden enorm. Allerdings akzeptiert Uniswap nur Cyber-Coins und Token, die auf Ethereum bzw. ERC-20 basieren. Dennoch avancierte es so zu einem der wirklich erfolgreichen DeFi-Systeme. Der Vorteil der dezentralen Finanzsysteme ist es, dass sie jedermann ohne Vorbedingungen zugänglich sind. Es sind keine Kontoeröffnung, kein Liquiditätsnachweis, kein Wohnort etc. nötig. Auch bei der Kreditaufnahme werden keine undurchsichtigen Verfahren angewendet. All dies finden die User auf Uniswap – egal, was sie dort unternehmen, sie benötigen keinen Vermittler oder Berater. Alles funktioniert vollautomatisch, einfach und übersichtlich. Zudem findet der Tausch der Token ohne Zeitverzögerung statt.

In die Liquidity-Pools werden immer zwei verschiedene Währungen in einem festgelegten Verhältnis zueinander eingezahlt. Der Algorithmus bestimmt jeweils den Wert der einzelnen Währung.[21] Allerdings skaliert das Modell nicht linear. Das bedeutet, wenn sich das Verhältnis nur in eine Richtung verändert, sinkt oder steigt der Preis in entgegengesetzte Richtung. Werden Coins oder Token herausgenommen, muss entsprechend mit der anderen Währung bezahlt werden, Wie viel, das bestimmt das Paarungsverhältnis bzw. der Algorithmus. Das kann finanziell durchaus interessant sein, wenn sich dadurch ein anderer Wechselkurs als auf anderen Börsen ergibt (sog. Arbitrage-Handel). Gleichzeitig sollte das Verhältnis der beiden Krypto-Währungen zueinander so gewählt sein, dass sie sich gegenseitig stabilisieren. Manche Konstellationen scheinen jedoch für das einzelne Halten der verschiedenen Token zu sprechen, zum Beispiel wenn sich das Verhältnis der Kryptowährungen im Pool zur weniger stark wachsenden Währung hin bewegt. Auch die anfallenden Gebühren schmälern den Gewinn wieder. Diese Opportunitätskosten sollten Sie bei dem Investment in einen Liquiditäts-Pool also im Auge behalten. Die Frage ist dann, ob sich die Charts der beiden Währungen wieder in die andere Richtung entwickeln oder ob es sich um eine langfristige Entwicklung handelt.

Es ist auch möglich, einfach nur in den Pool einzuzahlen und dafür Pool-Token in Empfang zu nehmen. Da die Hauptfunktion von Uniswap in der eines „Automated Market Makers“ liegt, der mithilfe eines Algorithmus automatisiert den Preis eines Assets ermittelt, stellen die Liquiditäts-Pools sein Herzstück dar. Das Fehlen von Liquiditätsreserven ist nämlich ein großes Problem vieler anderer Exchange-Plattformen. Die Entlohnung mit UNIs bietet daher den notwendigen Anreiz für die Anleger, tatsächlich in die Pools zu investieren. UNIs können in Token aus dem ERC-20-Universum eingetauscht und wieder eingesetzt werden. Tatsächlich ist dies die beste Art, mit Uniswap Geld zu verdienen, denn das kann im Hintergrund passieren. Einen höheren Profit erzielen Sie aber in der Regel beim klassischen Daytrading – das jedoch mehr Fingerspitzengefühl und Engagement erfordert und ein größeres Risiko bedeutet.

21 Die zugrundeliegende Formel lautet $x*y=k$.

Da es Uniswap erst seit einem guten Jahr gibt, sind die Entwicklungsmöglichkeiten noch lange nicht ausgeschöpft. Vor allem die Geschwindigkeit der Transaktionen soll noch weiter angehoben werden, um parallel dazu die Gebühren senken zu können.

Mit dieser Darstellung einzelner Kryptowährungen haben Sie jetzt einen Einblick in die unterschiedlichen Strukturen erhalten. Trotzdem gibt es noch so viel mehr zu wissen. Es klangen bereits einige Praxisanweisungen an, doch die werden im folgenden Kapitel noch weiter vertieft. Parallel dazu geht es um technisches Wissen, das Sie benötigen, um die verschiedenen Möglichkeiten besser einschätzen zu können.

4. Umgang mit Krypto-währungen

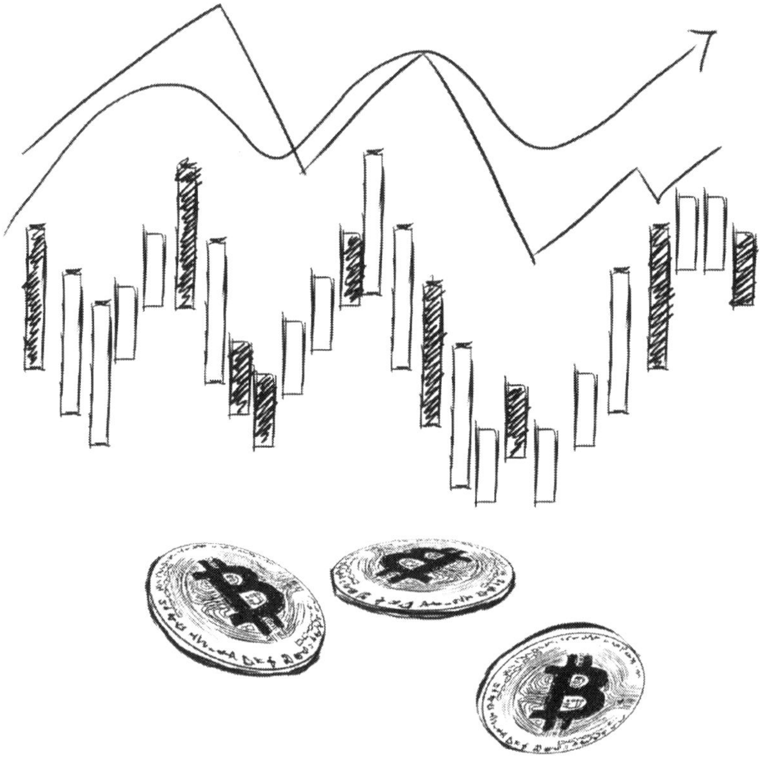

Der Umgang mit Kryptowährungen umfasst einerseits das Verständnis, dann das Halten, das Traden, das Schürfen, das Validieren und schließlich das Entwickeln (oder in umgekehrter Reihenfolge, je nachdem aus welcher Perspektive Sie an die Sache herangehen). Die Abschnitte ergänzen sich inhaltlich, doch möchte ich Sie einladen, sich die Überschriften herauszusuchen, die Sie am meisten ansprechen. So ergibt sich mit der Zeit ein Gesamtbild. Und schließlich wird das reine Buchwissen nicht ausreichen, in der Praxis den Erfolg zu erzielen, wie Sie ihn sich wünschen.

Handel mit Kryptowährungen

Mit Kryptowährungen kann an einer Exchange-Plattform genauso gehandelt werden wie mit Aktien an einer Börse. Der Unterschied liegt darin, dass es sich um einen virtuellen Marktplatz handelt. Trotzdem wird nicht zwischen digitalen Währungen und Buchgeld unterschieden. Das Ziel ist es natürlich, günstig einzukaufen und mit Profit wieder zu verkaufen. Da auch die Exchange-Plattformen inzwischen gesetzlichen Vorgaben entsprechen müssen, ist die Voraussetzung für eine Registrierung eine Authentifizierung mit Lichtbild.

Jetzt erhalten Sie Einblick in die verschiedensten Kurven, Statistiken und Orderbücher. Für das Handeln selbst müssen Sie als nächstes ein Guthaben auf Ihr dortiges Konto transferieren. Sie können sich in der Regel dort ein Wallet anlegen, auch wenn das nicht die eigentliche Funktion einer Exchange-Plattform ist. Achten Sie daher besonders auf die Sicherheitsvorkehrungen Ihres Anbieters. Prüfen Sie, wie Sie Ihren *private key* sichern können und ob das 2FA-Secure-Code-Verfahren angewendet wird. Anschließend können Sie loslegen. Doch Achtung! Bei jeder Transaktion fallen Gebühren an. Am besten ist es zudem, Sie wählen eine Plattform aus, die Ihre Landeswährung akzeptiert.

Die echten Profis prüfen sehr gründlich, ob die Exchange-Plattformen ihren Sicherheitsansprüchen genügen. Sie können sich dafür deren Meinungen in den Bewertungen ansehen. Hierbei geht es zum Beispiel um das Thema Stabilität. Was passiert, wenn gleichzeitig sehr viele User ihre Transaktionen vornehmen? Es kann auch sein, dass eine Plattform pro Tag nur eine bestimmte Anzahl an Neuzugängen einrichten kann. Wenn Sie sich also nicht registrieren können, dann ist es ratsam, die Anmeldung an den nächsten Tagen erneut zu starten.

Versuchen Sie auch zu ermitteln, wie die Plattform vor Hacker-Angriffen geschützt ist. Zusätzlich stellt sich immer die Frage, wie groß die Auswahl an Altcoins ist. Mit zunehmender Erfahrung möchten Sie sich vielleicht auch an Kryptowährungen heranwagen, die nicht zu den bekanntesten gehören. Dafür wäre es aber wichtig, die relevanten Informationen nicht auf diversen Webseiten im Internet zusammensammeln zu müssen. Denn wenn die Aktionen zu mühsam werden, wird niemand den Prozess weiterverfolgen. Wichtig ist auch zu wissen, in welchem Land die Exchange-Plattform angesiedelt ist und welche Fiat-Währungen unterstützt werden. Wenn der Euro dort nicht akzeptiert wird, müssen Sie zusätzlich zu den Gebühren noch den Wechselkurs beachten.

Sind Sie in Ihrem Account eingeloggt, können Sie mit Paypal, Sofortüberweisung oder Kreditkarte bezahlen. Besitzen Sie bereits Coins in einem eigenen Wallet, so können Sie auch damit bezahlen und sich Ihren Gewinn dorthin auszahlen lassen. Auf jeder Exchange-Plattform finden Sie die Rubriken Buy und Sell. Dort wählen Sie die Kryptowährung aus, mit der Sie handeln möchten, geben die gewünschte Anzahl an und klicken auf den Buy-Button. Das war es bereits. Die jeweilige Exchange-Plattform versorgt Sie auch mit allen Informationen, die Sie zu den einzelnen Währungen benötigen. Der Kauf bzw. Verkauf selbst sind mit einem einzigen Klick erledigt. Weil das so schnell geht, ist es ratsam, immer wieder die innere Handbremse zu ziehen und die eigenen Vorgaben zu überprüfen.

Forks und Angriffe

Wie eingangs erwähnt werden die Kryptowährungen jeweils mithilfe von Open Source Software generiert. Ihr Quellcode ist also für jedermann zugänglich. Das entspricht nicht zuletzt dem demokratischen Grundgedanken der ersten Kryptowährung, denn auf diese Weise kann jeder an dieser Software mitarbeiten. Konkrete Weiterentwicklungen werden als forks (Gabelungen) bezeichnet. Ziel derselben ist es, bestimmte Probleme zu lösen. Hierbei zählt beispielsweise die Kapazität der Software als die größte Herausforderung bei allen Kryptowährungen. Wird der

Quellcode nun entsprechend verändert, entsteht quasi eine neue Software, die daraufhin für das Mining verwendet werden kann. Je nachdem, wie der bisherige Stand der Software berücksichtigt wird, spricht man hier von einer soft fork oder einer hard fork.

Die *soft fork* ist mit dem bisherigen System kompatibel, wodurch alle Nutzer mit der neuen und mit der alten Software arbeiten können. Die *hard fork* hingegen würde ein Update des alten Systems erfordern und spaltet somit das Netzwerk. Es entsteht eine neue Blockchain. Aufgrund des demokratischen und dezentralen Prinzips der Kryptowährungen gibt es auch sog. *miner activated forks*. Die Miner entscheiden hier, ob eine Gabelung initiiert wird. Die Abstimmung erfolgt, indem die neuen Informationen an die letzten 1.000 erstellten Blöcke der Blockchain angehängt werden. Diesen Schritt müssen die Miner aktiv vornehmen. Im Vorfeld wird festgelegt, wie viel Prozent zur kompletten Übernahme der neuen Softwareversion führen. Schließlich muss der Vorgang noch von den Nodes akzeptiert werden. Je nachdem, ob die gesamte Änderung übernommen wird oder nicht, handelt es sich dann um eine *miner activated soft fork* (MASF), bei der auch einige mit der alten Version weiterarbeiten, oder um eine *user activated soft fork* (UASF), die auf einer Mehrheitsentscheidung beruht und für alle gültig ist.

Warum ich nun so ausführlich auf die Forks eingegangen bin, liegt daran, dass sie unter bestimmten Konstellationen zu geschenktem Geld führen. Zum Beispiel bleibt das aktuelle Guthaben bestehen, auch wenn durch eine *hard fork* die Blockchain geteilt wird. Zusätzlich wird in der neuen Blockchain dieselbe Anzahl an Coins gutgeschrieben. Auch wenn die dann noch nicht viel wert sind, hat der Besitzer doch Geld erhalten, ohne dafür etwas investieren zu müssen. Er kann damit handeln oder auf eine Kurssteigerung warten. Gleichzeitig sollten Sie während einer *hard fork* keine Transaktionen vornehmen, denn in dieser Phase ist das System instabil und es können Coins, die gerade nicht gesichert sind, unwiederbringlich verloren gehen.

Kurse analysieren und richtig einschätzen

Da die Kryptowährungen aktuell noch nicht als gängige Zahlungsmittel publik sind, eignen sie sich zunächst für Investments.

Unterscheiden Sie zwischen dem Halten und dem Traden. Kryptowährungen mit kontinuierlichem Wertzuwachs eignen sich für das Halten im Wallet, Ihrem Depot. Solche, die sehr volatil sind, sollten Sie traden, also günstig kaufen und teuer verkaufen.

Für das Halten hat sich in der Insider-Sprache der User das Wort „Hodl" eingebürgert. Es geht auf eine Anekdote des Users GameKyuubi zurück. Er vergaß an einem Abend, seine Bitcoins zum passenden Moment zu verkaufen – Auslöser war eine Sauftour mit seinen Kumpels. Wieder zu Hause und noch nicht wieder ganz nüchtern bemerkte er seinen Fauxpas. Wie in der Szene üblich, schrieb er dazu einem Trader-Forum einen Post, in dem er sich selbst bemitleidete und ein wenig auf die Schippe nahm. Er schloss mit den Worten „I am hodling“ anstatt „I am holding“. Dieser Flüchtigkeitsfehler machte schnell die Runde und wurde zum stehenden Begriff. Sie hodlen also, wenn Sie Ihre Coins im Wallet halten – alles richtig so.

Beginnen Sie nun damit, dass Sie sich für eine der vielen Kryptowährungen entscheiden. Legen Sie sich ein Wallet an und investieren Sie zunächst einfach nur einen relativ kleinen Betrag. Um ein Gefühl für den Kurs zu bekommen, sollten Sie jetzt den Kursverlauf für ein paar Tage, vielleicht eine ganze Woche beobachten. Machen Sie sich Notizen dazu und ermitteln Sie, wie die Kursschwankungen zustande gekommen sind. Investieren Sie aber nur Geld, auf das Sie verzichten können, damit Sie einen eventuellen Verlust gut verschmerzen können, denn Emotionen sind in dieser Angelegenheit wenig hilfreich.

Bei der Wahl Ihrer Coins sollten Sie auf Folgendes achten: Sie sollten

a) günstig sein und
b) einem Aufwärtstrend folgen.

Oberstes Gebot ist nun, nicht dann zu verkaufen, wenn der Kurs eingebrochen ist, denn dann „realisieren Sie einen Verlust“, wie es in der Finanzsprache heißt.

Ich habe Ihnen bereits die ersten zehn Kryptowährungen ausführlicher vorgestellt. Allerdings gibt es 10.500 Kryptowährungen weltweit.[22] Es kommen regelmäßig neue dazu und jede nimmt ihre eigene Entwicklung. Halten Sie sich also stets auf dem Laufenden. Gerade bei den vola-

22 Quelle: CoinMarketCap.com (Stand: Juni 2021)

tilen Währungen ist dies sehr wichtig. Werden Sie Profi, indem Sie Zeit investieren. Lernen Sie, welche Technologien eingesetzt werden und wie die einzelnen Roadmaps aussehen.

Seit wann gibt es die Währung?
Was war der Anlass ihrer Entwicklung?
Wer ist bzw. wer sind der oder die Entwickler?
Welche Ziele verfolgen sie?
Wie können Sie damit Geld verdienen?
Ist es besser, die Coins zu halten, zu staken, zu traden oder eine andere Aktion vorzunehmen?

Hilfreich ist es, sich für die verschiedenen Kryptowährungen Notizen zu machen. So können Sie Ihre Erkenntnisse besser erfassen und nachvollziehen. Wenn Sie so systematisch vorgehen, lassen Sie sich auch weniger von einem Hype emotional mitreißen, sondern bewahren einen kühlen Kopf – Ihrem Geld und Ihrem Vermögen zuliebe.

Gleiches gilt schließlich auch für das Mining. Hier wäre der nächste Schritt, sich einem Mining Pool anzuschließen. Investieren Sie zunächst so wenig wie möglich und beobachten Sie aktiv die Wertentwicklung. Sollten Sie mit dem Ergebnis zufrieden sein, können Sie getrost weitermachen.

Wie Sie mit Kursschwankungen umgehen sollten

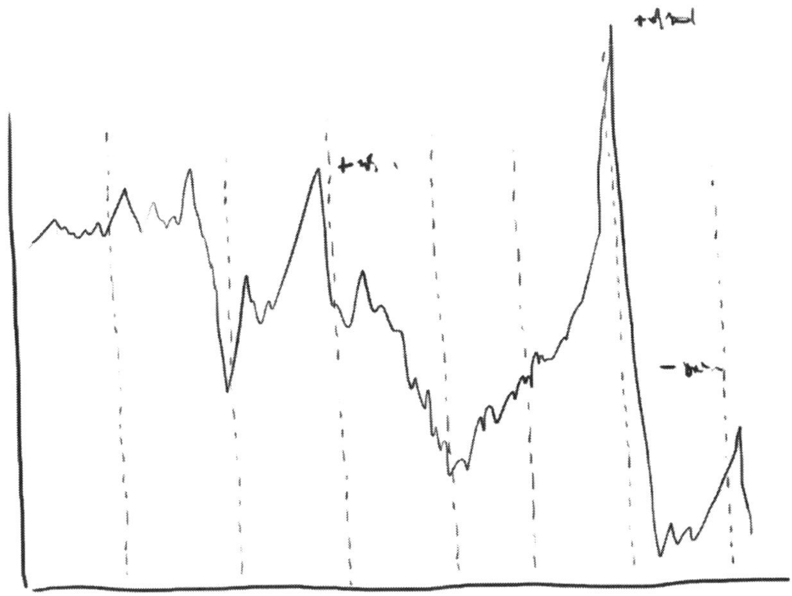

Kursschwankungen sind elementar für das Traden, denn nur dadurch können Sie Gewinne erzielen. Der Kurs muss hochgehen, damit Sie einen höheren Wert für Ihre Coins erzielen, als Sie investiert haben. Umgekehrt muss er sinken, damit Sie wieder günstig einkaufen können. Darauf basiert das ganze System. Doch sollten Sie zu Beginn ein gutes Gespür für die Kursentwicklungen bekommen, um sie richtig einschätzen zu können. Hierfür bietet sich beispielsweise das Portal BitcoinWisdom an. Das ist ein Live-Ticker mit Kursdiagrammen und entsprechenden Warnungen. Idealerweise gibt es das Portal auch als App für das Handy, damit Sie jederzeit schnell handeln können. Die Anzeige ist mit einzelnen Exchange-Plattformen synchronisiert. Dadurch lässt sich gut ablesen, wie die jeweilige Währung auf den verschiedenen Plattformen gehandelt wird. Es werden die Wertzuwächse der letzten 24 Stunden, der vergangenen 7 Tage, 30 Tage und 365 Tage nebeneinandergestellt. Daran lässt sich schließlich gut ablesen, wann es sich lohnt, eine Währung lange zu halten oder sie gezielt für kurzfristige Gewinne zu nutzen.

Techniken und Tools, mit denen Sie die richtige Entscheidung treffen

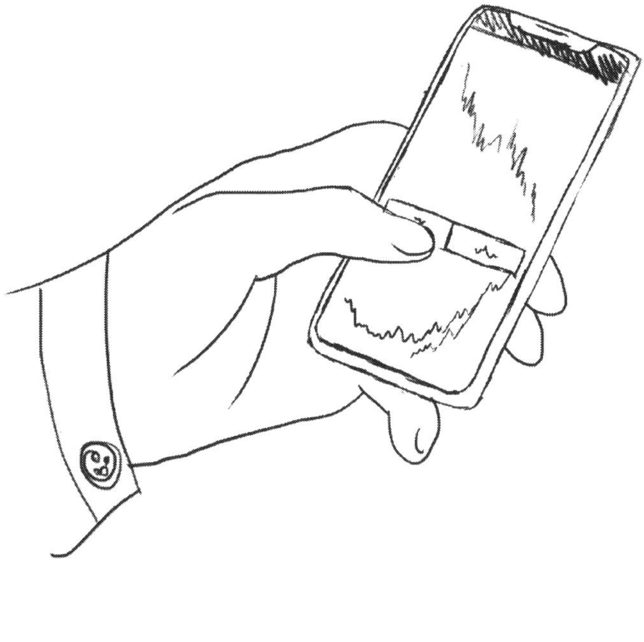

Als erstes empfehle ich Ihnen, sich ein Ziel zu setzen. Ziele helfen uns dabei, uns zu motivieren und zu fokussieren. Dabei sollten die Ziele realistisch und messbar sein. Setzen Sie sich beispielsweise das Ziel, mit dem Traden täglich 100 $ Gewinn zu machen. Das ist durchaus möglich – mit etwas Zeit und wachsender Erfahrung. Innerhalb eines Monats ist das bereits vielen gelungen.

Gehen Sie dafür schrittweise vor. Setzen Sie nur kleine Beiträge ein. Es reicht zunächst, wenn Sie 5-20 € pro Kauf veranschlagen. Machen Sie immer einen Trade nach dem anderen. Prüfen Sie jedes Mal, wie Sie weiter vorgehen möchten. So können Sie bereits kleine Verluste rasch wieder auffangen.

Pro Trade können Sie von einem Gewinn von 1 % ausgehen. Etwas wenig, meinen Sie? Doch bei einem Trade pro Tag kämen Sie so auf 30 % Gewinn pro Monat. Klingt schon besser, richtig? Mit zunehmender Erfahrung werden Sie höhere Beträge einsetzen, wodurch auch Ihr Gewinn steigt. Doch gehen Sie auch hierbei systematisch vor. Legen Sie dafür schriftlich fest, wieviel Sie pro Tag investieren möchten oder können. Halten Sie sich daran. Sehen Sie es wie einen Vertrag mit sich selbst oder ein Versprechen an sich selbst. Versuchen Sie nicht, auf die Schnelle einen Verlust zu beheben. Ihr Ziel sollte – neben dem Gewinn – immer sein, einen kühlen Kopf zu bewahren. Am Ende zählen nämlich nur die Coins in Ihrem Wallet.

Sinnvoll ist es auch, Ihr Vorhaben professionell anzugehen. Starten Sie mit Ihren Investments also, als würden Sie ein Geschäft führen. Letztlich ist das Traden ja nichts anderes als der Einkauf und Verkauf beim Einzelhandel. Sie kaufen günstig und verkaufen teu(r)er. Der Einzelhandel ermittelt aber für die Preisermittlung genau, welche Kosten beim Verkauf entstehen und wie hoch die Marge sein muss, damit sich das Geschäft lohnt. Gehen Sie genauso vor: Rechnen Sie sich aus, wie hoch der Wert Ihrer Coins mit 1 % Wertzuwachs ist und verkaufen Sie sie dann. Bleiben Sie bei diesem einen Prozent, der gibt Ihnen Sicherheit und schützt Sie vor größeren Verlusten.

Um die Kryptowährung, die Sie ausgewählt haben, besser verstehen zu können, müssen Sie sich mit allen Details auseinandersetzen. Dazu gehören die Informationen, die Sie in der Exchange finden. Dort erfahren Sie alles über den Preis und das Volumen der Währung, können die

Charts beobachten und die Grafiken analysieren. Halten Sie das Order Book im Auge und die Open Orders. Kalkulieren Sie mit den anfallenden Gebühren und studieren Sie die technischen Daten. Verfolgen Sie die Market History und führen Sie Ihr eigenes Buch über Ihre History.

Auf den Vergleichsportalen zeigt Ihnen der grüne Candlestick an, dass der Wert am Steigen ist. Rot bedeutet, dass er sinkt. Für den Wertzuwachs gilt also die 1 %-Regelung: verkaufen bei 1 % Gewinn. Was aber, wenn der Kurs sinkt? Abwarten, ob er wieder steigt? Auch hierfür sollten Sie sich vorab auf einen persönlichen Wert festlegen. Der Einfachheit und der Sicherheit halber empfehle ich Ihnen auch hier, bei 1 % zu bleiben. Sie merken schon, Sie müssen immer am Ball bleiben, beobachten und gegebenenfalls schnell entscheiden. Nur so können Sie Ihre Verluste im Zaum halten. Doch machen Sie sich klar, was passiert, wenn der Kurs der Kryptowährung weiter sinkt, deren Coins Sie gerade verkauft haben. Sie können diese später wahrscheinlich viel günstiger wieder einkaufen. Und das ist Traden – ein ständiges Hin und Her. Im Gegensatz zum Investieren, das auf langfristiges Halten ausgerichtet ist. Traden ist teilweise in Sekundenschnelle abgeschlossen. Ein Klick reicht, um den Vorgang zu starten, und einer, um ihn abzuschließen.

Um den Überblick zu behalten, führen Sie eine Tabelle mit folgenden Einträgen:

1) Name der Kryptowährung und der Coins
2) Anzahl der gekauften Einheiten
3) Preis pro Einheit
4) Kosten pro Einheit
5) Gesamtkosten

Das Ziel ist es, den tatsächlichen Gewinn bzw. Verlust zu ermitteln. Dafür müssen Sie bei einem Gewinn die Kosten vom Ertrag abziehen. Bei einem Verlust umgekehrt den Ertrag von den Kosten. Machen Sie sich klar, dass Sie immer mal wieder einen kleinen Verlust – eben den in Höhe von 1 % realisieren werden. Das gehört beim Traden mit dazu. Das liegt an der starken Volatilität der einzelnen Kryptowährungen. Daher hilft Ihnen eine solche Tabelle, schnell zu erfassen, wann Sie jeweils bei der 1 %-Marke angekommen sind.

Um alle Informationen zu bekommen, suchen Sie sich eine *Exchange*-Plattform aus. Dort können Sie die Coins ebenfalls kaufen und verkaufen. Wenn Sie sich für eine Plattform entschieden haben, achten Sie auf die jeweils anfallenden Gebühren und die Art und Weise, wie die Informationen aufbereitet werden, denn auch hierunter gibt es schwarze Schafe. Die Plattform *Bittrex* beispielsweise wird von vielen Tradern genutzt, weil sie sehr benutzerfreundlich ist und schnell lädt. Doch wird hier auch gerne mal ein Hype stimuliert, indem eine Gruppe von Tradern den Preis einer bestimmten Währung in die Höhe treibt. Haben sie andere in diesen Hype mit hineingezogen, verkaufen sie ihre Anteile wieder, der Wert sinkt und die ahnungslosen Mitläufer bleiben auf ihren Coins mit niedrigen Werten sitzen. Die Plattform *Bitmex* hingegen ist nur für solche Trader, die bereits Coins besitzen, denn hier wird nur getradet. Teilweise mit sehr großem Hebel – was im Zweifelsfall zu großen Verlusten führen kann. Dann wieder gibt es Plattformen, die die deutsche Sprache nicht unterstützen (wie *Bitfinex*), die den Euro nicht akzeptieren (wie *Binance*), die eine sehr hohe Einstiegssumme erfordern (zum Beispiel 10.000 € bei Bitfinex) oder die technisch sehr labil sind wie *Kraken*. Die Gebühren schwanken zwischen 0,1 und 0,25 %, je nachdem, ob dort nur mit Coins gehandelt wird oder ob auch Fiat-Geld verwendet werden kann. So empfiehlt es sich, zunächst auf einer Plattform zu starten, die benutzerfreundlich ist, auf Deutsch angelegt ist und die Zahlung von Fiat-Geld zulässt. Haben Sie einige Erfahrungen gesammelt und inzwischen auch ein gewisses Vermögen in Coins erwirtschaftet, sollten Sie die Plattform wechseln. Dadurch wird sehr wahrscheinlich die Auswahl an Kryptowährungen größer und die Gebühren reduzieren sich.

So stellen Sie Ihr Portfolio zusammen

Ein Portfolio ist eine Sammlung an Objekten – in unserem Fall von Coins und Token aus diversen Kryptowährungen. Im Investment-Bereich ist es üblich, sein Vermögen in unterschiedlichen Anlageklassen zu streuen, um das Risiko zu reduzieren, das eine einseitige Ausrichtung beinhaltet. Dasselbe gilt auch für die risikobehafteten Kryptowährungen. Setzen

Sie auch hier auf Diversifizierung, um letztlich einen höheren Gewinn zu erzielen. Prinzipiell geht es darum, so wenig Verluste wie möglich zu realisieren, denn sie sind schwierig auszugleichen. Stattdessen ist ein langsamer, aber stetiger Wertzuwachs oftmals lukrativer.

Welche Coins sollten also in Ihrem Portfolio sein?

Jeder, der in Kryptowährungen investiert, wird sicherlich mit Bitcoins starten, da sie die größte Sicherheit bieten. Aufgrund des hohen technischen Aufwandes, sie zu erwerben und zu lagern bzw. zu verkaufen, werden sie in der Regel nicht für das Trading erworben, sondern um langfristig von ihrer Wertsteigerung zu profitieren. Gerade jetzt, da die Banken für Ihr Guthaben auf dem Tagesgeldkonto sogar Negativzinsen erheben, ist der Bitcoin eine wirklich gute Alternative. Hier können Sie ganz wesentlich profitieren, wenn Sie bereit sind, längerfristig auf Ihr Geld zu verzichten. Das liegt zum einen an seiner großen Marktkapitalisierung, zum anderen an seiner künstlichen Verknappung. Da das Mining bewusst limitiert ist (sog. *Halving*), steigt der Wert jeder Einheit kontinuierlich an. Das ist auch der Grund, warum 61 % aller Bitcoins in den Wallets der User gehalten werden.[23] Werden also auch Sie zu einem Hodler, was Bitcoin angeht, und profitieren Sie von einer Wertentwicklung, die Ihnen keine Bank mehr bieten kann.

Daher sollten Sie zusätzlich mit einer überschaubaren Auswahl an unterschiedlichen Altcoins starten. Gehen Sie wie beschrieben vor und sammeln Sie zunächst ausreichend Informationen zu jeder Währung, um eine fundierte Entscheidung treffen zu können. Je stärker die Kursschwankungen sind, desto größer wird Ihre Chance auf große Gewinne. Gleichzeitig sollten Sie sich überlegt haben, wie intensiv Sie in das Traden einsteigen und wie viel Zeit Sie dafür aufwenden möchten. Kaufen

---

23 Bitcoin Monthly Outlook – October 2019, Delphi Digital, online unter: https://www.delphidigital.io/reports/bitcoin-monthly-outlook-october-2019/

Sie immer sehr günstig ein. Notieren Sie Ihre Ausgaben. Ermitteln Sie auch die Gebühren, die für die einzelnen Transaktionen anfallen.

Kombinieren Sie für eine langfristige Strategie am besten volatile Währungen mit solchen, die stabiler laufen. Hierzu gehört vor allem der Bitcoin. Doch empfehle ich Ihnen noch zwei bis drei weitere Altcoins hinzuzufügen. Nachdem Sie sich entschieden haben, geht es nicht mehr darum, sie so sorgfältig im Auge zu halten wie die volatilen Coins für das Traden. Hier gilt es, geduldig die Entwicklung abzuwarten. In etwa vier Wochen können Sie Ihr erstes Resümee ziehen. Vergleichen Sie Ihre Notizen. Gefällt Ihnen die Wertentwicklung? Gibt es eventuell andere Coins, die sich besser entwickelt haben? Dann entscheiden Sie neu, ob Sie Ihre Coins weiter halten, ob Sie sie austauschen oder ob Sie neue hinzunehmen, die Sie erneut auf eine längerfristige Perspektive hin aussuchen. Hierbei sind geringe Kursschwankungen unproblematisch. Es geht um die grundsätzliche Wertsteigerung. Trennen Sie daher ganz klar zwischen den Coins, die eine vielversprechende Wertentwicklung haben (siehe den Bitcoin), und solchen, die Sie wegen ihrer Volatilität für das Traden ausgesucht haben.

Steuerliche Hinweise

Das Ziel Ihrer Aktivitäten ist der Gewinn. Daher möchte ich kurz etwas zu den anfallenden Steuern ausführen – auch wenn dies keine Rechtsberatung ist und Sie hierfür Ihren Steuerberater hinzuziehen sollten. Sie erinnern sich, dass Kryptowährungen vom Gesetzgeber nicht als gesetzliches Zahlungsmittel anerkannt sind. Da damit aber Gewinne erzielt werden können, fallen sie unter die Rubrik der Kunstwerke und anderer Wertgegenstände. Daher können die Gewinne unter bestimmten Voraussetzungen steuerfrei sein. Hierbei geht es zunächst um eine Haltedauer von 12 Monaten. Danach sind alle Gewinne steuerfrei. Bei einer kürzeren Haltedauer gilt die Freigrenze von 600 €. Ab einem Gewinn von 601 € muss der gesamte Gewinn versteuert werden (denn es ist kein Freibetrag). Da beim Traden in der Regel keine 12 Monate Haltedauer eingehalten werden, ist die präzise Buchführung für die Vorlage beim Finanzamt besonders wichtig. Wie schließlich der jeweils zu versteuernde Gewinn ermittelt wird (ob mit der First-in-first-out-Methode oder der Last-in-first-out-Methode), sollten Sie zusammen mit Ihrem Steuerberater festlegen. Grundlage dafür sind Ihre Notizen zum Kaufdatum, zum Preis, zum Zeitpunkt des Verkaufs, zum Erlös und zu den angefallenen Gebühren. Der Gewinn wird durch die Verluste, die ebenfalls anfallen, gemindert. Somit reduzieren Ihre Verluste auch Ihre Steuerzahlungen. Diese können gegebenenfalls steuerlich in die nächsten Jahre übertragen werden und dann mit den entstandenen Gewinnen verrechnet werden. Falls Sie das Gefühl haben, hierbei den Überblick zu verlieren, gibt es verschiedene Anbieter, die Ihnen speziell für das Traden mit Kryptowährungen digitale Applikationen anbieten wie zum Beispiel taxfix.de. Zu Beginn reicht aber eine Excel-Tabelle für das Protokoll vollkommen aus.

Kaufen, Verkaufen, Aufbewahren

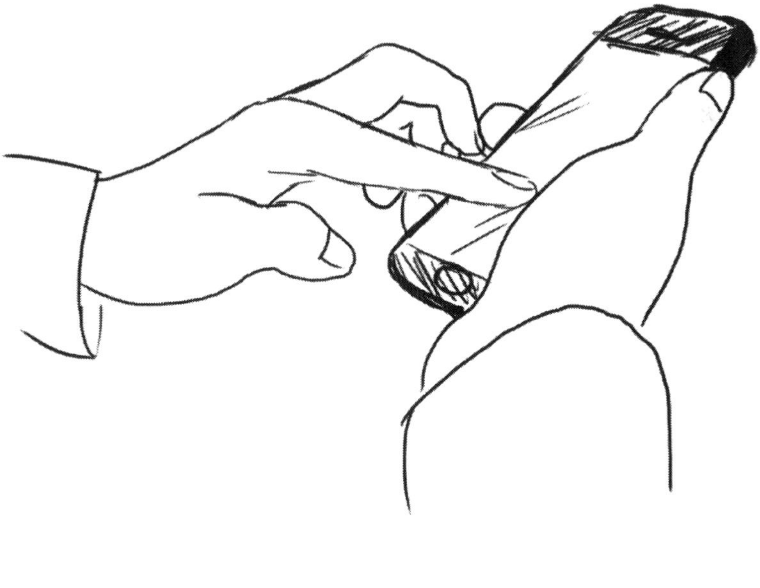

Sie fragen sich inzwischen vielleicht, wie die Coins eigentlich in Ihr Wallet gelangen, richtig? Erstaunlicherweise war das bis vor kurzem über einen Automaten (kurz Bitcoin-ATM) möglich. Der funktioniert im Prinzip wie ein Geldautomat. Vor sieben Jahren wurde der erste in Vancouver, Kanada, aufgestellt. Bereits am ersten Tag wurden dort Bitcoins im Wert von 10.000 $ eingekauft. In den USA kommen täglich neue Automaten hinzu. In Deutschland gab es ebenfalls solche Automaten, etwa 50 an der Zahl. Doch wurden sie gerne für Geldwäsche benutzt, weshalb seit März 2020 nur noch ATMs von Instituten zugelassen sind, die der BaFin unterliegen, der Bundesanstalt für Finanzdienstleistungsaufsicht. Als erste Bank hat nun die Sutorbank in Berlin einen solchen Automaten aufgestellt. Inzwischen sind diese sog. Spot9 in 10 Städten in Deutschland zu finden. Allerdings kann man dort nur Bitcoins erwerben. Die Finanzaufsicht hat hier also das Tempo etwas verlangsamt. Vor allem wird gegen den polnischen Betreiber des Shitcoin-Clubs vorgegangen, der europaweit mit seinen ATMs führend ist. An dessen Automaten kann man zusätzlich zum Bitcoin weitere Altcoins erwerben. Doch die 24 Automaten, die er in Deutschland betrieben hatte, musste er im August 2020 wieder abbauen, da er nicht die Lizenz dafür vorweisen konnte.

Das Problem ist die Anonymität der Käufer. Dadurch kann an solchen Automaten Schwarzgeld beispielsweise aus dem Drogen- oder Waffenhandel gewaschen werden. Für die Nutzung der meisten Automaten muss sich der Käufer zunächst mit einem gültigen Ausweis identifizieren. Das kann der Reisepass, der Personalausweis oder der Führerschein sein. Obwohl also die Nutzung nicht mehr anonym ist, gehen die Betreiber davon aus, dass die Automaten insbesondere von Anfängern genutzt werden, da hier die technische Hürde niedriger ist als bei anderen Zugangswegen zum Krypto-Markt.

Laut krypto-monitor.com befinden sich aktuell wieder 50 ATMs in Deutschland. Vielleicht steht ja einer davon auch in Ihrer Nähe. Bitte beachten Sie dabei, dass die Automaten der unterschiedlichen Anbieter unterschiedliche Gebühren erheben. An allen können Sie Fiat-Geld in diverse Kryptowährungen tauschen, jedoch nur an wenigen Kryptowährungen in Fiat-Geld wechseln.

Für die Transaktion benötigen Sie Ihre Bitcoin-Adresse als QR-Code. Wenn Sie den gewünschten Betrag ausgewählt haben, scannen Sie Ihren Code, legen das Geld in das Eingabefach und bestätigen den Vorgang per

Knopfdruck. Wenig später sollten Sie auf Ihrer Handy-App die neuen Coin-Beträge in Ihrem Wallet sehen können.

Es existieren verschiedene Anbieter, die vom Aktienmarkt abgeleitet ihre Services auch für den Krypto-Handel anbieten. Auch hier wird von Brokern gesprochen, wenn es sich um Plattformen handelt, die eher zum Kaufen und Verwahren der eigenen Bestände gedacht sind. Der Vorteil eines Brokers liegt für Sie darin, dass er die Beobachtung des volatilen Marktes für Sie übernimmt. Um die Transaktionen zu erleichtern und zu beschleunigen, verwenden Broker zudem Derivate und andere Finanzinstrumente, mit denen auf die Kursentwicklung gesetzt wird. Dabei handeln sie in Ihrem Auftrag gegen eine vorab festgelegte Gebühr.

Die Nutzung eines solchen Anbieters wie *bitpanda.com* wird zunächst den Neulingen auf dem Gebiet der Kryptowährungen empfohlen, weil sie dort umfassenden Support erhalten. Hier ist es jedoch wichtig, sich für einen Helpdesk zu entscheiden, der auf Deutsch antworten kann. Zumeist ist allerdings die Auswahl an Kryptowährungen nicht sehr groß. Ergänzend dazu finden Sie aber auch diverse Aktien, CFDs (Contracts for Difference) und ETFs (Exchange Traded Fund), die Sie in Ihr Portfolio integrieren können. Da ist vorab eine gründliche Recherche vonnöten, denn je größer Ihr Portfolio bei einem Broker ist, desto eher werden Sie mit Ihrem Vermögen bei ihm bleiben. Seien Sie auch sehr kritisch, was die Sicherheitsvorkehrungen angeht (Video-Ident-Verfahren, 2FA Secure Code etc.) und ob die Angebote mit den gesetzlichen Vorgaben übereinstimmen.

Für den Kauf und den Handel von Coins fallen auch hier Gebühren an. Vergleichen Sie diese gründlich und überlegen Sie, wie häufig Sie Transaktionen vornehmen werden. Je öfter, desto geringer sollten die Gebühren ausfallen. Um nicht auch noch den Wechselkurs Ihrer Währung einrechnen zu müssen, sollte der von Ihnen bevorzugte Broker Ihre

Landeswährung akzeptieren. Zusätzlich kann es wichtig sein, welche Zahlungsarten er anbietet.

Der Handel mit anderen Usern hingegen findet wie an einer Börse statt, an den Exchange-Plattformen. Tatsächlich hat sich die Börse in Stuttgart ebenfalls auf den Krypto-Markt begeben und eine eigene digitale Börse gegründet (BSDEX). Die zugehörige Bison-App macht es möglich, Bitcoins ohne eigenes Wallet zu erwerben. Hierfür muss man sich wie bei der Eröffnung eines Bankkontos mittels Video-Ident-Verfahren identifizieren. Für die Einzahlungen in Euro ist die App mit der Solarisbank verbunden, die wiederum der gesetzlichen Einlagensicherung von 100.000 € je Konto unterliegt. Aus dem dort angelegten Konto werden schließlich die Käufe der ausgewählten Kryptowährung getätigt. Vorteilhaft ist es, dass bereits mit 20 € begonnen werden kann. Da die digitale Börse in Stuttgart so gut angenommen wurde, wird inzwischen überlegt, das Angebot auch auf den Devisen-Handel mit Derivaten und Zertifikaten auszuweiten. Für viele Anleger und Trader ist es wichtig zu wissen, dass die BSDEX alle Finanzprodukte, die über sie laufen, gründlich getestet hat.

Schließlich aber gibt es die Möglichkeit, über Ihr Bitcoin Wallet einzukaufen, wenn Sie sich für die digitale Variante entschieden haben. Dabei übertragen Sie den entsprechenden Betrag in Fiat-Geld mithilfe Ihrer Kreditkarte oder per Sofort-Überweisung. Die deutsche Fidor-Bank hat eigens ein Girokonto aufgelegt, das mit dem persönlichen Bitcoin Wallet verbunden werden kann, um hier die Transaktionen zu erleichtern.

Auf den Exchange-Plattformen können ebenfalls Coins erworben werden. Hier sollten Sie unbedingt die Gebühren im Auge behalten und diese immer in Ihre Gewinnabrechnung mit einbeziehen. Nutzen Sie außerdem deutsche Anbieter. Sie haben den Vorteil, dass diese in der Regel mit den hiesigen Banken kooperieren und somit auch gesetzeskonform agieren. Hierzu zählen beispielsweise die *Börse Stuttgart Digital Exchange* (BSDEX), *Justtrade* und *Bitwala*.

Kaufen, Halten, Verkaufen, das sind die wechselnden Stationen beim Traden. Gleichzeitig gilt beim Traden die goldene Regel: kaufen, wenn es günstig ist, verkaufen, wenn es teu(r)er ist. Wie aber bekommen Sie heraus, was in der jeweiligen Kryptowährung als günstig bzw. als teuer gilt? Nutzen Sie dafür die Charts auf der Exchange-Plattform Ihrer Wahl. Wenn die Kurve unten ist oder die Anzeige grün, können Sie kaufen. Besonders bei Panikverkäufen sollten Sie das tun. Handeln Sie also immer antizyklisch. Ihre Anhaltspunkte finden Sie innerhalb der vergangenen 24 Stunden. Notieren Sie sich dafür den niedrigsten und den höchsten Stand und orientieren Sie sich daran.

Tatsächlich schwanken die Kurse an den verschiedenen Wochentagen unterschiedlich. Zu Beginn der Woche steigen die Kurse in der Regel, gegen Ende sinken sie wieder. Verfolgen Sie also einmal ein paar Ihrer Favoriten zwei Wochen lang, um ein Gefühl für die Bewegungen zu bekommen. Vielleicht erkennen Sie dann, dass sich der Freitag für den Kauf eher eignet, weil viele der anderen User gerade dann ihre Coins gegen Bargeld umtauschen, um sich vielleicht ihren Kurzurlaub oder anderes zu finanzieren. Im Gegenzug ist der Wertzuwachs Mitte der Woche wahrscheinlich größer, weshalb Sie selbst bereits dann verkaufen sollten. Also gilt auch hier, antizyklisch zu agieren, allerdings innerhalb eines etwas größeren Zyklus.

Professionelle Trader vergleichen die unterschiedlichen Exchange-Plattformen hinsichtlich ihrer geografischen Lage. Durch die Zeitverschiebung kann es zum Beispiel zwischen den USA, Deutschland und Russland zu großen Preisunterschieden für ein und dieselbe Kryptowährung kommen. Gerade im asiatischen Raum wird viel an den Wochenenden gehandelt, was sich bei uns in der Nacht von Sonntag auf Montag – wenn wir weniger aktiv sind – bemerkbar macht. Es lohnt sich also auch, die Chart zu für uns ungewöhnliche Zeiten im Auge zu behalten, um rasch reagieren zu können. Ein weiterer Grund für diese Schwankungen ist die Liquidität der jeweiligen Börse.

Ein weiterer Anhaltspunkt ist die Kurve des Bitcoins. Altcoins reagieren in der Regel umgekehrt. Es empfiehlt sich, sich dazu mit anderen auf Trading-Foren auszutauschen. Vielleicht können Sie am Anfang als stiller Leser Informationen sammeln. Sicherlich finden Sie auch auf den Sozialen Medien die eine oder andere Gruppe, die zu Ihrem neuen (Business-) Hobby passt. So können Sie Trends ausfindig machen und sich überlegen, ob Sie denen folgen möchten. Doch bitte nicht, ohne vorher sämtliche Fakten mit eigenen Augen gesichtet zu haben. Bedenken Sie immer, wie schnelllebig der Coin-Markt ist. Lassen Sie sich also nicht zu etwas anstiften, von dem Sie nicht selbst hundertprozentig überzeugt sind. Trotzdem sind BitcoinTalk und CoinDesk sehr gute Portale, um auf dem Laufenden zu bleiben.

Wann aber sollten Sie in Coins investieren und sie in Ihrem Wallet halten? Gerade bei Bitcoin lohnt es sich, die Coins zu halten. Es ist noch immer mit großem Abstand die Kryptowährung mit der stabilsten Wertentwicklung. Sollten Sie mit einer Investition in Bitcoins oder Satoshis beginnen, dann können Sie sich direkt für ein Wallet auf bitcoin.de entscheiden. Die Vorteile sind zunächst, dass keinerlei Gebühren anfallen, außerdem ist die Sicherheit sehr hoch, da einerseits die Rechenzentren in Deutschland liegen und andererseits ein sehr hoher Prozentsatz der Wallets nicht mit dem Internet verbunden ist. Es handelt sich um sog. Cold Wallets, die damit dem Wallet auf dem eigenen USB-Stick entsprechen. Als Nachteil kann man die geringe Auswahl an Kryptowährungen ansehen, denn die sind auf fünf reduziert. Dennoch bietet sich bitcoin.de für einen Einstieg allemal an.

Wieder andere Anbieter bieten möglichst einfache Zahlungsmodi an, die ursprünglich den weltweiten Zahlungsverkehr betreffen, inzwischen aber die Partnerschaften mit einzelnen Exchange-Plattformen umfassen. Dadurch können Sie von derselben Anwendung aus Ihr Geld, das den gesetzlichen Vorgaben der BaFin entsprechend verwahrt wird, in Kryptowährungen investieren. Hierzu zählen beispielsweise Neteller oder Skrill.

FEHLINVESTITIONEN VON VORNEHEREIN VERMEIDEN

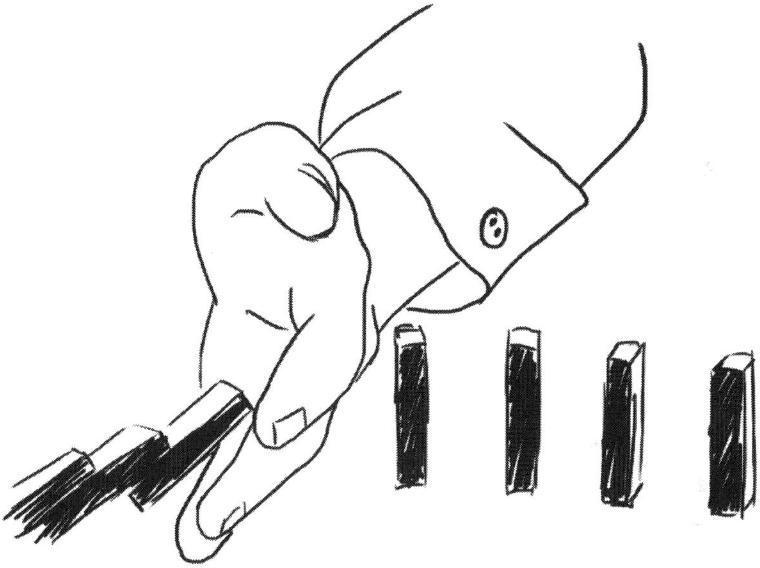

Hier gilt wie bisher – informieren und beobachten. Entscheidungen mit kühlem Kopf treffen. Doch was tun bei der großen Informationsdichte? Wie lese ich einen Chart richtig? Wie kann ich schnell agieren? Für alles ist Erfahrung nötig, die allerdings erst mit der Zeit kommt.

Hier kann ich Ihnen die App Bison empfehlen. Sie verfügt über ein Demo-Konto, mit dem Sie üben können, bevor Sie in den Echtgeld-Modus wechseln. Mag das für manche auch als Spielerei anmuten, so kann das anderen mehr Sicherheit für den Umgang mit den neuen Währungsformen geben. Außerdem bietet die Bison-App den Service, Millionen Tweeds zu analysieren, die täglich zu den Kryptowährungen geschrieben werden. Die KI Cryptoradar bereitet diese Informationen für Sie visuell auf, sodass Sie immer auf dem aktuellen Stand bleiben und sich die Suche nach relevanten Informationen sparen können.

Risikobewertung

Investieren in Kryptowährungen an sich ist sicher, da diese Währungen nicht manipuliert werden können. Doch in der Praxis sieht das mitunter etwas anders aus. Denn Fälschungen sind im Internet relativ einfach. Allein einer fiktiven Kryptowährung einen schönen Namen zu geben und ihre spektakuläre Entwicklung visuell zu belegen, dürfte für die wenigsten eine Herausforderung darstellen. So sollten Sie immer gegenchecken, ob ein attraktiver Coin auf verschiedenen Plattformen zu finden ist, die einen seriösen Eindruck machen, wie beispielsweise CoinMarketCap.

Seien sie auch misstrauisch, wenn Sie sich zu einem Kauf überredet oder gar gedrängt fühlen. Dahinter könnte eine gezielte Aktion namens *pump and dump* stecken. Dabei wird der Kurs einer bestimmten Währung gezielt gepusht, und sobald er einen bestimmten Wert erreicht hat, verkaufen alle Beteiligten ihre Coins wieder. Hierbei handelt es sich um gezielte Verabredungen, die zwar nicht verboten sind, jedoch anderen Schaden zufügen. Folgen Sie daher dem Leitspruch von Jordan Belfort: „Augen auf beim Kryptokauf!" Treffen Sie Ihre Entscheidungen so unabhängig wie möglich.

Manchmal werden Sie vielleicht auch aufgefordert, sich einem Multilevelmarketing-Vertriebssystem (MLM) anzuschließen. Hierbei akquirieren Sie möglichst viele Partner, an deren Verdiensten Sie schließlich mitverdienen. Oftmals werden hier die irrsten Erfolgsgeschichten kolportiert, bei denen Sie jedoch hellhörig werden sollten. Da nicht jedes dieser Systeme schlecht ist, gilt es auch hier, genau zu prüfen, ob Sie Teil davon sein möchten. Dafür sollten Sie sich von demjenigen, der Sie anwerben möchte, wirklich in die Zahlen gucken lassen – und zwar live. Lassen Sie von allem anderen lieber die Hände weg.

Sie möchten sich am MLM beteiligen, werden aber aufgefordert, gleich mit einer möglichst hohen Summe einzusteigen, weil Sie dann ja entsprechend höhere Gewinne erwarten können? Aufgepasst! Prüfen Sie, warum es nicht ausreichen sollte, mit ca. 100 € zu beginnen und auch damit gleich einen Gewinn zu realisieren.

Der Einstieg in einer Launching-Phase (sog. IOC) kann ebenfalls trügerisch sein, denn keiner weiß im Voraus, wann diese Phase endet. Was viele nicht ahnen, ist, dass dies noch Jahre andauern kann. Lassen Sie also die anderen launchen und investieren Sie dort, wo Sie bereits ab dem ersten Tag mit einem Gewinn rechnen können. Kalkulieren Sie immer potentielle Gebühren mit ein, die zum Beispiel bei der Mitgliedschaft in einem MLM Mining Pool anfallen, und halten Sie die Kursgewinne im Auge, denn die sollten selbstverständlich über dem bankenüblichen Zinssatz liegen. Andernfalls ist Ihr Risiko, das Sie mit der Kryptowährung eingehen, zu hoch.

MLM basiert auf der kontinuierlichen Anwerbung von neuen Teilnehmern. Das ist dort der eigentliche Baustein für Ihren Erfolg. Im Umkehrschluss hängt der davon ab, wie geschickt Sie beim Verkaufen sind, dem Vertrieb Ihres MLM-Systems. Daher machen Sie sich bitte zu Beginn klar, dass die Boni, die Sie für neue Partner in Ihrer Linie erhalten, eine schöne Belohnung darstellen, aber unabhängig von Ihrem Gewinn aus der Kurssteigerung der jeweiligen Kryptowährung zu betrachten sind.

Es kommt auf Ihre Mentalität an!

Mentalität – schon wieder, denken Sie jetzt vielleicht. Doch unterschätzen Sie die Macht Ihrer Gedanken nicht. Traden kann süchtig machen – davor sollten Sie sich selbst schützen, indem Sie alles dafür tun, um Ihre innere Ruhe zu bewahren. Lassen Sie sich nicht ablenken, lassen Sie sich nichts einreden. Führen Sie Buch. Sammeln Sie Informationen und sorgen Sie für so viel Klarheit wie nur irgend möglich. Halten Sie sich dabei an Ihre eigenen Regeln oder an die vorgeschlagene 1 %-Regel für das Kaufen und Verkaufen. Wenn Sie eine Chance verpasst haben, prüfen Sie den Markt, bevor Sie schnell wieder zuschlagen. Werden Sie nicht weich und seien Sie nicht enttäuscht, wenn Sie mal zu spät dran waren. Eine Sekunde ist wirklich sehr kurz. Wenn Sie inzwischen verstanden haben, wie sich die Kurse bei den Kryptowährungen entwickeln, wissen Sie, dass sich immer wieder neue Chancen bieten werden – vielleicht ist die nächste sogar noch besser als die verpasste.

Das Investieren in Kryptowährungen ist wie ein Spiel. Die Chance zu gewinnen ist relativ hoch, das Risiko zu verlieren aber ebenfalls. Setzen Sie daher bitte nur Geld ein, das Sie wirklich übrighaben, dessen Verlust Sie gut verschmerzen können.

Um innerlich ruhig bleiben zu können, habe ich Ihnen bereits Praxishinweise gegeben, die nicht nur gut umgesetzt werden können, sondern auch wirklich hilfreich sind. Halten Sie sich vor allem als Anfänger daran. Erlauben Sie sich, Ihre Erfahrungen langsam zu machen. Andernfalls ist das Risiko eines Totalverlustes sehr groß.

Dazu gehört es auch, alle Emotionen beiseite zu lassen. Denken Sie daran, dass Traden und Investieren professionelles Business ist. Verhalten Sie sich auch dementsprechend. Lassen Sie sich nicht hinreißen, egal wie euphorisch Sie durch einen raschen Gewinn sind. Achten Sie auf eine gute Verfassung. Auch Abgeschlagenheit oder Müdigkeit können dazu führen, dass Sie unverhältnismäßig auf einen Verlust reagieren. Lassen Sie das Trading nicht in ein Gewinnspiel ausarten. Sie laufen Gefahr, den Kürzeren zu ziehen.

Umgang mit Expertenmeinungen und Vorhersagen

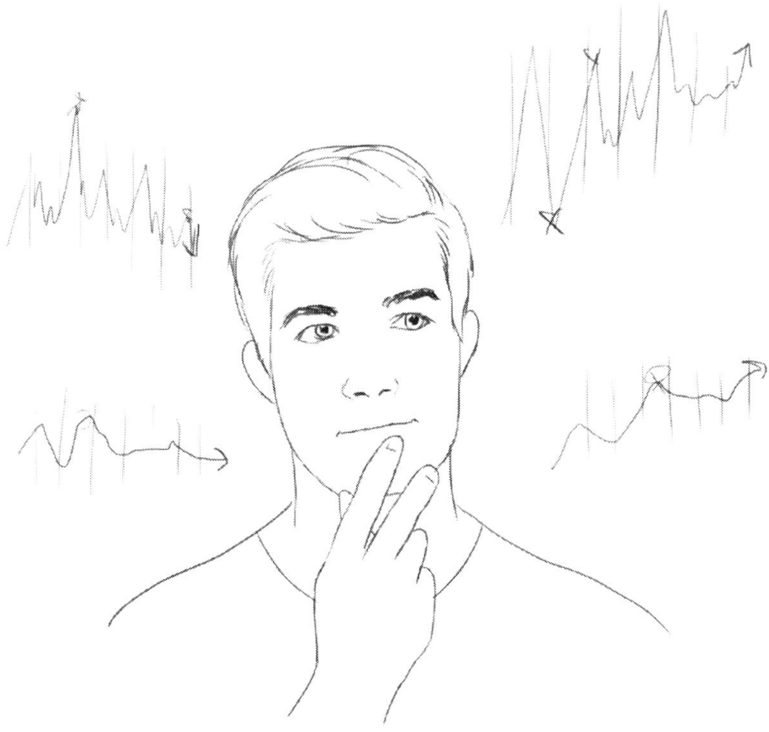

Ich gebe zu, das gesamte Buch hindurch schwingen zwei Informationen mit: Kryptowährung ist komplex und riskant. Doch jedes Risiko bietet große Chancen. Je größer das Risiko, desto größer die Chancen. Was also tun wir in der Regel, um unsere Chancen zu sichern? Wir orientieren uns an anderen. Wir schauen uns um, wie es die anderen machen – und machen es dann genauso. Dann machen wir uns aber von deren

Einschätzung und deren Vorstellungen abhängig und geben unsere Verantwortung ab. Denn mal ehrlich, warum sollten die anderen rationaler handeln als wir? Kennen wir die Eigeninteressen unserer Vorbilder? Wissen wir, wie große Verluste sie wegstecken können?

Aus der Verkaufspsychologie wissen wir, dass wir emotional gesteuert sind. Und daher auch immer emotional kaufen – auch wenn wir das nicht gerne zugeben. Je bewusster uns das ist, desto besser können wir damit umgehen. Daher möchte ich im Folgenden mithilfe von sechs (vielleicht etwas plakativen) Schritten ein wenig genauer darauf eingehen. Und nicht vergessen: Das betrifft wirklich jeden von uns.

Schritt 1: Sie haben sich dieses Buch vielleicht gekauft, weil Sie immer wieder von den exorbitanten Wertsteigerungen einzelner Kryptowährungen gehört und gelesen haben. Sie beteiligen sich und müssen nur abwarten und schon haben Sie das Doppelte oder gar Dreifache auf Ihrem Konto? Wer würde da schon Nein sagen? Wenn es für uns nun so aussieht, als würden viele andere auch in diese Cyber-Welt investieren, entsteht ein Trend – der möglicherweise durch die Trader selbst hervorgerufen wird. Ihr Verhalten wird als (sozialer) Beweis angeführt, und schon schließen wir uns einer *Herdenmentalität* an, die nicht unbedingt etwas mit Schwarmintelligenz zu tun haben muss.

Schritt 2: Eine Alternative dazu ist es, sich nach großen Köpfen in diesem Umfeld umzusehen. Nach dem Motto: Wer bereits ein Vermögen gemacht hat, weiß, wie es geht. Dass viele so denken, zeigen die Kursschwankungen, wenn Elon Musk ein Statement zu Dogecoin oder Bitcoin getwittert hat. Sicherlich können wir davon ausgehen, dass er viel Erfahrung im Umgang mit Geld hat. Gleichzeitig wird er aber Verluste auch leichter verschmerzen können. Und die Entwickler von Dogecoin verweisen ihn immer wieder selbst auf seinen Platz, denn von der Technik, die hinter der Plattform steckt, hat auch er keine ausreichende Ahnung. Ihn treiben Visionen, keine realen Werte. Wenn Ihnen das auch so geht, dann machen Sie es so wie er, wenn nicht, dann gehen Sie bitte Ihren eigenen Weg.

Schritt 3: Es kann auch viel dagegensprechen, in Kryptowährungen zu investieren. Beispielsweise können Sie bei der aufmerksamen Lektüre dieses Buches und beim Abgleich der verschiedenen Charts den Eindruck gewonnen haben, dass die verschiedenen Cyberwährungen bereits ihre beste Zeit hinter sich haben. Vor allem wenn Sie von anderen hören, die bereits vor drei Jahren Bitcoins gekauft haben und nun von stolzen Wertzuwächsen berichten können. Dann könnten Sie denken, dass es sich für Sie nicht mehr lohnt, selbst zu investieren, denn eine solche Steigerung werden Sie wohl nicht mehr erleben. Ein Gefühl der Trägheit erfasst Sie, die *inaction inertia*, denn Sie möchten nicht mehr bezahlen als Ihr Bekannter und schließlich weniger an Ertrag ernten. Also tun Sie lieber nichts.

In Hinblick auf Kryptowährungen ist diese Haltung fatal. Kein Risiko, keine Chance. Denn Sie wissen natürlich insgeheim, dass Sie auch jetzt noch von drastischen Kurssteigerungen profitieren können. Hätten Sie den Vergleich mit Ihrem Bekannten nicht, dann fänden Sie das auch nach wie vor ganz fantastisch. Aber jetzt?

Schritt 4: Der Kurs, von dem Ihr Bekannter so geschwärmt hat, wird nun auch von Ihnen beobachtet. Er steigt noch immer. Jetzt packt Sie die Angst, etwas zu verpassen (FOMO, kurz für *fear of missing out*). Und – endlich – steigen Sie doch noch mit ein. Die Erfahrung zeigt aber, dass perfektes Zögern zu hohen Preisen führt. Wahrscheinlich steht der Kurs kurz vor seinem Höhepunkt, an dem erfahrene Trader bereits die ersten Verkäufe einleiten, um ihre Gewinne zu realisieren.

Schritt 5: Jeden Kauf erklären wir rational, auch wenn er emotional gesteuert ist. Das tun wir auch in einem solchen Fall. Wir sammeln nur noch die Informationen, die unseren Kauf bestätigen, und reden uns unsere Investition schön. Hier liegt der Fehler im System, wenn wir nach einer Bestätigung für etwas suchen, von dem wir insgeheim bereits wissen, dass es falsch war (sog. *confirmation bias*).

Schritt 6: Wenn wir uns genauso verhalten wie die große Masse, werden wir immer auch die Ergebnisse der großen Masse erzielen. Wenn wir alle nach dem sozialen Beweis für unsere Entscheidungen suchen, dann werden wir alle zur gleichen Zeit dasselbe tun. So treiben die Trader die Auf- und Abwärtsbewegungen der Charts immer selbst mit an. Nur wer antizyklisch handeln kann, profitiert von den Wellenbewegungen. Denn jedes Projekt bewegt sich wellenförmig. Es steigt auf, es fällt ab, es erholt sich wieder. Dieser Zyklus wiederholt sich immer wieder und bietet immer wieder neue Chancen. Psychologisch betrachtet ist es für uns jedoch schwieriger, mit einem Verlust umzugehen als mit einem Gewinn. Der Verlust triggert uns mehr, unbedacht zu handeln. Doch auch hier ist ein kühler Kopf gefragt. Prüfen Sie also bitte, wenn der Kurs fällt, ob Sie Ihre Anteile immer noch mit Profit veräußern können oder nicht. Falls nicht, warten Sie ab, bis der Kurs wieder steigt. Solange Sie Ihre Anteile nicht verkauft haben, steht der Verlust nur auf dem Papier.

Lange Rede, kurzer Sinn: Lassen Sie sich nicht von anderen dazu verführen, Ihre eigene Recherche zu vernachlässigen. Treffen Sie Ihre Entscheidungen in aller Ruhe und sehr bewusst.

5. Zusammenfassung

Von starken Kurssteigerungen profitieren, ohne selbst viel machen zu müssen – so klingt für viele das Thema Kryptowährung. Bei manchen der Cyber-Währungen scheint das auch der Fall zu sein, wie zum Beispiel beim Bitcoin oder beim DOGE. Doch gibt es nichts im Bereich des Finanzwesens, das ohne Risiko wäre. Daher ist eine gründliche Kenntnis der Zusammenhänge sehr wichtig. Dieses Buch sollte Sie dazu in die Lage versetzen, eigene Entscheidungen hinsichtlich Ihres Investments zu treffen.

Das Geheimnis der Kryptowährungen liegt in ihrer Unabhängigkeit. Durch die Technik und die damit möglichen Anwendungen entstehen jeweils kleine Paralleluniversen, die nur den Insidern einen Blick in das Innere ermöglichen. Daher ist es auch so aufwendig, sich mit der Materie zu beschäftigen. Da unser Fokus jedoch „nur" auf dem finanziellen Potenzial liegt, klärt sich doch mit der Zeit der Blick.

Alle Kryptowährungen werden am Bitcoin gemessen. Daher werden auch alle anderen unter dem Begriff Altcoin (alternative Coins) zusammengefasst – egal wie unterschiedlich sie sind. Das ist auch das erste Ergebnis des Buches: Am Bitcoin kommt keiner vorbei, der „in Krypto" macht. Die Alternativen kommen dazu. Jede Alternative steht für sich und verfolgt ein eigenes Ziel. Da es inzwischen 10.500 solcher Alternativen weltweit gibt, ist die Qual der Wahl erheblich. Dieses Buch kommt dabei kaum über die Top 10 hinaus. Mit gutem Grund, denn jede weitere Kryptowährung stellt eine eigene Welt für sich dar. Mal sollen die Kryptowährungen die normalen Finanzstrukturen ersetzen, mal ergänzen. Mal sind sie volatil, mal entsprechen sie genau dem Kurs des US-Dollars. Mal haben die Coins bzw. Token spezifische Funktionen innerhalb ihres eigenen Cyber-Systems. Mal können Sie durch Investieren oder durch Traden ein Vermögen machen, mal, indem Sie an der Weiterentwicklung der Blockchain mitwirken und neue Coins schürfen. Für jede Tätigkeit gilt es, eigene Gesetzmäßigkeiten zu berücksichtigen.

Zu Beginn haben wir gefragt, ob die Kryptowährungen das Gold der Zukunft sein könnten. Doch bei den Kryptowährungen gehen die Meinungen weit auseinander. Die einen warnen davor, die anderen schwören darauf. Nach der Lektüre dieses Buches wird Ihnen jedoch klar geworden sein, dass auch hier eine kritische Wahl das Entscheidende ist. Auch sonst sollten Sie keine Geldanlage ohne genaue Prüfung der Versprechungen und Sicherheiten vornehmen. Das sehen Sie hoffentlich auch so?

Die etablierten Kryptowährungen wie Bitcoin und Ethereum werden inzwischen auch von namhaften, vermögenden Menschen bevorzugt, wie von Elon Musk oder Mark Cuban, von dem der Ausdruck stammt, Bitcoin wäre besser als Gold.[24] Allerdings sollte es nicht als Zahlungsmittel verwendet werden, sondern als langfristige Wertanlage. Als Zahlungsmittel eignet sich eher Ethereum. In diesem Sinne lade ich Sie ein, von den Besten zu lernen und sich mit deren Strategien auseinanderzusetzen.

Es ist auf jeden Fall klar geworden, dass die Kryptowährungen aus unserer Welt nicht mehr wegzudenken sind. Sie sind eine echte Weiterentwicklung unseres Finanzsystems, das ja auch in weiten Bereichen nur noch digital vorhanden ist. Der große Unterschied liegt in den Strukturen, ob sie zentralisiert sind (wie bisher) oder dezentral. Durch die demokratischen und dezentralen Ansätze entziehen sich die Kryptowährungen der staatlichen Macht. Das hat vordergründig viele Vorteile, denn so hat jedermann leichter Zugang zu einem eigenen kleinen Vermögen. Es ist zum Beispiel kein Wohnsitz mehr für die Kontoeröffnung nötig, nur noch ein internetfähiges Endgerät. Gleichzeitig basieren unsere gemeinschaftlichen Strukturen immer noch darauf, den Markt zu regulieren, um einerseits Steuern zu erheben und andererseits Betrug zu verhindern. Daher gibt es seit dem Bitcoin verschiedene Kryptowährungen, die eine Zwitterlösung anbieten, um beide Finanzwelten miteinander zu verbin-

24 Interview im Delphi Podcast vom 25.03.2021, online unter: https://www.youtube.com/watch?v=QFgwvOOBRWw

den. Das ist auch dadurch motiviert, dass die gesetzlichen Regularien hinsichtlich der Geldwäsche inzwischen auch für die Kryptowährungen gelten. Aus meiner Sicht ist das auch gut, um das Vertrauen in die noch immer für viele sehr neuen Währungen zu stärken. Schließlich gibt es weder beim Bitcoin noch bei den Altcoins eine Möglichkeit, verloren gegangene Werte wieder zurückzubekommen. Wenn also Hacker einen Teil der Blockchain in ihr eigenes Wallet umleiten, dann schützt auch sie die Anonymität dieser Cyber-Welt. Wenn die Regularien diese Lücke auch nicht schließen können, so können sie doch die Gemeinschaft derjenigen, die es gut meinen, stärken.

Die dezentrale Struktur bedeutet unter dem Strich, dass Sie alles, was Sie tun, auf eigene Verantwortung tun. Vielleicht ist das für Sie ohnehin selbstverständlich, doch anderen ist das eventuell noch nicht ganz klar. Ob Sie sich einer Plattform anschließen und als Validator bei den großen Entscheidungen mitreden wollen oder ob Sie nur investieren möchten, am Ende liegt Ihr Vermögen in Ihrem Wallet und den *private key* dazu kennen nur Sie selbst. Das gilt für jede der Kryptowährungen – darin sind sie alle gleich.

Zudem fallen immer Gebühren an und Sie müssen das Finanzamt berücksichtigen. Führen Sie also penibel Buch. Aufgrund der steuerlichen Anforderungen gehören hierzu genaue Angaben zu den einzelnen Transaktionen. Vielleicht nutzen Sie dazu auch die digitalen Helferlein, die es in Form von diversen Apps inzwischen gibt. Das bewährt sich vor allem dann, wenn sich Ihre Quote an Transaktionen erhöht. Das Buchführen wird Ihnen helfen, einen klaren Eindruck von den Möglichkeiten zu bekommen. Ab wann lohnt sich das Traden oder das Mining überhaupt? Ist es günstiger, sich einem Mining Pool anzuschließen oder bringt das Lending doch mehr?

Ich weiß nun nicht, für welche Art des Vermögensaufbaus Sie sich entschieden haben. Möchten Sie sich eher aktiv an der Entwicklung einer

Plattform beteiligen, neue Coins schürfen, Ihr Geld verleihen, es langfristig anlegen oder doch mithilfe von Daytrading den etwas zeitintensiveren, dafür aber auch lukrativeren Weg einschlagen? Auf jeden Fall sollten Sie sich im Vorfeld über Ihr eigenes Vorhaben im Klaren sein und Ihre Ziele aufschreiben. Im Buch habe ich Ihnen empfohlen, mit dem Daytrading von 100 € Gewinn am Tag auszugehen und immer dann, wenn sich der Wert Ihres Einsatzes um 1 % verändert hat, wieder rauszugehen. Ein solch strukturiertes Vorgehen unterstützt Sie ganz enorm dabei, den eigenen Emotionen ein Schnippchen zu schlagen. Denn die reagieren ähnlich volatil wie die Charts, wenn Sie nicht wissen, was Sie sich leisten können und was Sie wirklich wollen. In diesem Sinne: Brechen Sie Ihre eigenen Rekorde – aber mit System!

Schlusswort - Erfolgreich mit Krypto-währungen

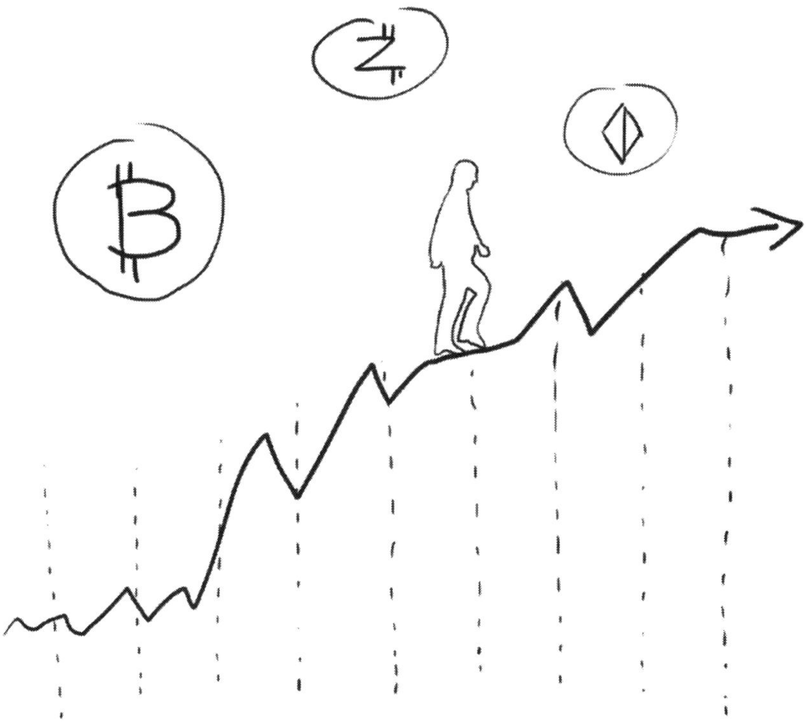

Beschäftigt man sich eingehend mit den Kryptowährungen, so erkennt man nicht nur, wie vielfältig sie sind, sondern auch, welches Potenzial in ihnen steckt. Doch keine Frage, sie sind nicht ohne. Einfach ein paar Coins kaufen und abwarten ist nicht die richtige Devise. Selbst beim Klassiker, dem Bitcoin, sollten Sie stets die Wertentwicklung im Auge behalten.

Gleichzeitig gibt es inzwischen so viele digitale Hilfsmittel, dass die Beschäftigung mit all den anfallenden Informationen zunehmend leichter wird. Denken Sie nur an den Cryptoradar oder taxfix. Mit dem einen werden Ihnen die aktuellen Informationen täglich aufbereitet, das andere erleichtert Ihnen die Buchhaltung Ihrer Erträge und ermöglicht Ihnen maximale Transparenz. Wenn Sie jetzt noch die 1 %-Regelung bezüglich der Gewinne bzw. Verluste ganz konsequent berücksichtigen, kann eigentlich nichts mehr schief gehen. Gerade mit kurzfristigen Trades können Sie sich aufgrund der Volatilität der verschiedenen Kryptowährungen ein zweites Einkommen aufbauen. Kombinieren Sie die langfristige Anlage in Bitcoins mit dem Traden der Altcoins, so ergänzen sich die beiden Strategien und das Risiko reduziert sich. Doch investieren Sie immer nur das Geld, das Sie übrighaben. Dann beginnt es wirklich Spaß zu machen.

Viele der Kryptomanier zählen sich selbst zu den alternativ Eingestellten. Das demokratische System hinter den Bits und Bytes reizt sie sehr. Meines Erachtens ist es aber am Ende wichtig, was wir mit unserem Vermögen auf dieser Welt bewirken. Werden wir es schaffen, mit den Kryptowährungen wirklich mehr Demokratie zu verwirklichen? Werden die Kryptowährungen stärker werden als unser Finanzsystem? Die politischen Entwicklungen seit wenigen Jahren, die Kryptowährungen gesetzlich zu verbieten oder zumindest zu regulieren, sprechen dagegen. Weder das Vertrauen in diese Währungen ist bisher stark genug noch die Abgrenzung vom Darknet eindeutig genug. Mein Wunsch ist es, mit diesem Buch zu mehr Wissen über die Wirkungsweise der Kryptowährungen zu verhelfen und damit dazu beizutragen, dass die Kryptowährungen auch von seriösen Usern leichter akzeptiert werden. So werden sich die Kryptowährungen immer stärker etablieren und eine gute Ergänzung zu den bisherigen Investment-Möglichkeiten darstellen. Wenn ich dazu beitragen konnte, dass Kryptowährungen immer mehr als normales Zahlungsmittel akzeptiert werden, dann bin ich meinem Ziel ein bisschen nähergekommen.

Ich wünsche Ihnen nicht nur neue Erfahrungen mit dieser Art der Währungen, sondern auch viel Erfolg und Spaß damit.

Danke

Vielen Dank dafür, dass Sie mein Buch gelesen haben.

Ich wünsche Ihnen viel Glück und Erfolg beim Geldanlegen.

Bei Fragen und Anregungen zu meinem Buch schreiben Sie gern eine E-Mail an: presse@salesangels.org

Herzlichst,
Ihr Raphael Engel

Über den Autor

Raphael Engel, 1959 geboren, ist ein echter „Deutsch-Schweizer" und ein IT-Unternehmer mit finanz-wirtschaftlichem Hintergrund. Sein Finanz-Wissen erwarb er sich von Schweizer Banker, Treuhändern und Vermögensverwaltern sowie von den jungen Wilden, die in den digitalen Währungen neue Wege und Chancen erschlossen. Daraus entwickelte er seine eigenen Erfolgsstrategien.

Um den Menschen etwas zurückzugeben, stellt Raphael sein Wissen, seine Strategien sowie Erkenntnisse in seinen Ratgebern auf kompakte und leicht verständliche Weise zur Verfügung. Er hofft, seine Mitmenschen vor allem in diesen Krisenzeiten unterstützen zu können.

Das Motto des Autors lautet: „Achtung bitte nur mit einer verschmerzbaren Summe starten. Demütig bleiben, auch wenn es ausgezeichnct gut läuft. Und immer wieder einen Teil des Gewinns realisieren beziehungsweise neu investieren.“

Literaturverzeichnis

Adams, H.; Zinsmeister, N.; Robinson D. (2020): Uniswap v2 Core (March 2020), online unter: https://uniswap.org/whitepaper.pdf

Bender, R. (2021): Bitcoin soll in El Salvador zum offiziellen Zahlungsmittel werden, in: Handelsblatt vom 06.06.2021, online unter: https://www.handelsblatt.com/politik/international/kryptowaehrung-bitcoin-soll-in-el-salvador-zum-offiziellen-zahlungsmittel-werden/27259540.html?ticket=ST-10834435-TdfqoqiakPiWEVhtPgbs-ap3

Börse Online, online unter: https://www.boerse-online.de/

Capital.com Reseach Team (2021): Binance Coin Prognose: Ist der Ausblick bullisch?, online unter: https://capital.com/de/binance-coin-prognose-2021

Centre (2018): Whitepaper, Document Version 2.0, May 2018, online unter: https://f.hubspotusercontent30.net/hubfs/9304636/PDF/centre-whitepaper.pdf

Deutsche Bundesbank (2021): http://www.bundesbank.de/zahlungsverhalten

Buterin, V. (2013): Ethereum Whitepaper, online abrufbar unter: https://ethereum.org/en/whitepaper/

Chase, B. & MacBrough, E. (2018): Analysis of the XRP Ledger Consensus Protocol, 21. Febr. 2018, online unter: https://arxiv.org/pdf/1802.07242v1.pdf

Graça Peters, K. (2021): Kims Hacker sind innovativer, als wir denken. Spiegel Ausland vom 22.02.2021, online unter: https://www.spiegel.de/ausland/nordkorea-so-setzt-kim-jong-un-hacker-ein-experteninterview-mit-priscilla-moriuchi-a-2c7071fa-3f4d-4988-803e-0004738c45da

Helmy, K. (2021): Dogecoin: The Most Honest Sh*tcoin, in: Galaxy Digital Research 04. Mai 2021, online unter: https://docsend.com/view/vutymtgqjf99yrpu

Hensel, M. (2021): IOHK kündigt Blockchain-Implementierung in Äthiopien an. Blockchain Insider 17. Mai 2021, online unter: https://www.blockchain-insider.de/iohk-kuendigt-blockchain-implementie-rung-in-aethiopien-an-a-1023706/

Knitterscheidt, K. (2017): Wie ich 20 Bitcoins à drei Euro kaufte, in: Handelsblatt vom 19.12.2017, online abrufbar unter: https://www.handelsblatt.com/finanzen/maerkte/devisen-rohstoffe/kryptowaeh-rung-wie-ich-20-bitcoins-a-drei-euro-kaufte/20747184.html?ticket=ST-10648822-fXI0Y2bvunAbzbdpdBT7-ap3

Nakamoto, S. (2008): Bitcoin: A Peer-to-Peer Electronic Cash System (2008), online abrufbar unter: https://bitcoin.org/bitcoin.pdf

ohne Autor (2021): Vorreiter Australien: Erste Unternehmen zahlen Gehälter auch in Bitcoin aus, in: finanzen.net vom 02.06.2021, online unter: https://www.finanzen.net/nachricht/devisen/krypto-gehaelter-vorreiter-australien-erste-unternehmen-zahlen-gehaelter-auch-in-bitco-in-aus-10191361 ohne Autor (2019a): Bitcoin Monthly Outlook – October 2019, in: Delphi Digital, online unter: https://www.delphidigital.io/reports/bitcoin-monthly-outlook-october-2019/

ohne Autor (2019b): Vontobel lanciert ein Zertifikat auf Ripple für Anleger, die einfach und transparent am Ripple-Kurs partizipieren wollen, in: vontobel, 06. Juni 2021, online unter: https://www.vontobel.com/de-de/impact/vontobel-lanciert-ein-zertifikat-auf-ripple-fuer-anleger-die-einfach-und-transparent-am-ripple-kurs-partizipieren-wollen-15760/

ohne Autor (o.J.): Was ist Ripple, online unter: https://www.cryptolist.de/ripple

Petereit, D. (2021): Elon Musk wollte Dogecoin-Entwicklung finanzieren – Team lehnte ab, in: t3n.de vom 22. Mai 2021, online unter: t3n.de/news/elon-musk-dogecoin-finanzierung-1380433/

Steinschaden, J. (2021): Tether: Stablecoin hauptsächlich durch Schuldverschreibungen gedeckt – nur 3 % Cash, in: Crypto Channel vom 13. Mai 2021, online unter: https://www.trendingtopics.at/tether-mehr-transparenz/

Wohlmann, Monika (2020): Kryptowährungen – Top oder Flop? In: Rebeggiani, L. et al. (Hrsg.): Megatrends aus Sicht der Volkswirtschaftslehre. Wiesbaden, Springer-Medien, S. 304-324

Wood, G. (2016): Polkadot: Vision for a heterogeneous multi-chain framework, online unter: https://github.com/w3f/polkadot-white-paper

TABELLENVERZEICHNIS

Abbildungsverzeichnis

Haftungsausschluss

Der Autor übernimmt keinerlei Gewähr für die Aktualität, Korrektheit, Vollständigkeit oder Qualität der bereitgestellten Informationen und weiteren Informationen. Haftungsansprüche gegen den Autor, welche sich auf Schäden materieller oder ideeller Art beziehen, die durch die Nutzung oder Nichtnutzung der dargebotenen Informationen bzw. durch die Nutzung fehlerhafter und unvollständiger Informationen verursacht wurden, sind grundsätzlich ausgeschlossen, sofern seitens des Autors kein nachweislich vorsätzliches oder grob fahrlässiges Verschulden vorliegt. Alle Angaben wurden vom Autor mit größter Sorgfalt und nach bestem Wissen und Gewissen recherchiert oder spiegeln seine eigene Meinung wider. Der Inhalt des Buches passt möglicherweise nicht zu jedem Leser und die Umsetzung erfolgt ausdrücklich auf eigenes Risiko. Es gibt keine Garantie dafür, dass alles genau so, bei jedem Leser, zu genau den gleichen Ergebnissen führt. Der Autor und/oder Herausgeber kann für etwaige Schäden jedweder Art aus keinem Rechtsgrund eine Haftung übernehmen.

URHEBERRECHT

Printed by Amazon Italia Logistica S.r.l.
Torrazza Piemonte (TO), Italy

25958468R00078